大方
sight

URSULA
K. LE GUIN

12
The Last Interview
最后的访谈

厄休拉·勒古恩

[美]厄休拉·勒古恩 著
普照 译

中信出版集团|北京

图书在版编目（CIP）数据

厄休拉·勒古恩：最后的访谈 /（美）厄休拉·勒古恩著；普照译 . -- 北京：中信出版社，2024.10.
ISBN 978-7-5217-6734-6

I. K837.125.6

中国国家版本馆 CIP 数据核字第 2024PU9408 号

URSULA K. LE GUIN: THE LAST INTERVIEW
AND OTHER CONVERSATIONS by URSULA K. LE GUIN
Copyright © 2019 BY MELVILLE HOUSE PUBLISHING
This edition arranged with MELVILLE HOUSE PUBLISHING
Through BIG APPLE AGENCY, INC., LABUAN, MALAYSIA
Simplified Chinese translation copyright © 2024 by CITIC Press Corporation
ALL RIGHTS RESERVED
本书仅限于中国大陆地区发行销售

厄休拉·勒古恩：最后的访谈
著者： ［美］厄休拉·勒古恩
译者： 普照
出版发行：中信出版集团股份有限公司
（北京市朝阳区东三环北路 27 号嘉铭中心　邮编　100020）
承印者： 河北鹏润印刷有限公司

开本：880mm×1230mm 1/32　　印张：6.5　　字数：140 千字
版次：2024 年 10 月第 1 版　　印次：2024 年 10 月第 1 次印刷
京权图字：01-2024-2349　　　　书号：ISBN 978-7-5217-6734-6
定价：45.00 元

版权所有·侵权必究
如有印刷、装订问题，本公司负责调换。
服务热线：400-600-8099
投稿邮箱：author@citicpub.com

目录

1 引言
大卫·斯特雷菲尔德

19 感知地点的天赋
采访者 《10点5》编辑团队
《10点5》杂志，1977年春

43 起名的魔法
采访者 多萝西·吉尔伯特
《加利福尼亚季刊》第13/14期，1978年春/夏

69 "看的方式不止一种"
采访者 乔治·威克斯 | 路易丝·韦斯特林
《西北评论》第20卷第2/3期，1982年

95 在她自己的世界里
采访者 诺拉·加拉格尔
《琼斯妈妈》，1984年1月

117　由一位与众不同的司机驾驶
采访者　尼克·格弗斯
《科幻站》，2001 年 11/12 月

135　她自己的歌
采访者　布里吉特·休伯
《加利福尼亚杂志》，2013 年春

149　最后的访谈：回家的路途
采访者　大卫·斯特雷菲尔德
2015—2018 年

任何人类权力都可以被人类自己抵抗和改变。
抵抗和改变往往源自艺术。
它常存于我们的艺术中,言语的艺术中。

INTRODUCTION

引言

大卫·斯特雷菲尔德

不少著名小说家对接受采访并不热衷。他们无话可说，或早已言尽，或宁愿花时间写作，或怕失口说出得之不易的创作诀窍。说好听点儿，一次采访就是一件需要忍耐的事。

厄休拉·K. 勒古恩与众不同。她喜欢你来我往的畅谈。她的故事意涵丰富，但她写作时从不预设意图，而将其视为一趟探索之旅——也即在书出版后，她更乐于激发读者自行解读小说的结局。她喜欢当着观众的面接受采访，也喜欢通过信函或电子邮件接受采访——如此她可斟酌回答采访。她还在自己家中接受采访，有时事后会润色文字记录，有时不会。她总是有话可说。

必要时，勒古恩也能扮演采访者的角色，而且总能比顶着头衔的采访人更显老到。1976年，保罗·沃克为书迷杂志《月神月刊》(*Luna Monthly*)做了一次问答采访。他没能登门拜访她在俄勒冈州的家，而是远程提问，如果他出现在她面前，说"谈谈你自己吧"，会发生什么。

"当然，"勒古恩调皮地答道，"我可以给你一个勒古恩夫人的生动描述（高个子、有些脱发、满脸胡须，她在门口热情地握住我的手。'进来，帮我们把麋鹿的内脏掏出来。'她低沉有力地说道）。不过，我还可以给你另一番描述，也同样生动（起初很难让勒古恩夫人开口说话，因为她头朝下，平静地挂在客厅里那棵大梓树的树枝上）。"

玩笑开罢，她开门见山地说："但正如爱开玩笑的彼拉多所言，什么是真理？叫我好奇的是，个人崇拜有什么好处？我是说，我们有些人是诺曼·梅勒自然没错，但还有些人是波特兰的中年家庭主妇。在我看来，我公开的自我在我的书里，而我私人的自我是也只应是我本人和家人才真正感兴趣的。"

四十多年来，公与私她从来区别对待，对公共事务发言，对私人事务缄口。这就够了。有些作家需要经历来滋养想象力，但勒古恩的经历都在她的头脑中。她以尽可能少接收外部刺激为荣。1988 年，她告诉一位来自波兰的采访者她理想的日程安排：

> 早晨 5：30：醒来，躺着，思考。
> 早晨 6：15：起床，吃早餐（多吃些）。
> 早晨 7：15：投入写作，写作，写作。
> 中午：午餐。
> 下午 1：00—3：00：阅读，听音乐。
> 下午 3：00—5：00：写信，也许打扫屋子。
> 下午 5：00—8：00：做晚饭，吃晚饭。
> 晚间 8：00 后：我往往会变蠢，略过不谈。

她为那些不得不强迫自己面对打字机的作家感到遗憾。她不理解"写作障碍"[1]。她坦言："我总是喜欢工作的。"她没什么地方想

---

[1] 此处与后文"感知地点的天赋"中勒古恩的言论有出入。——除特殊说明，本书脚注均为译注

去,即使有,也去不了:她不会开车。她在伦敦休了一年长假,去澳大利亚参加了一场同业大会,每年夏天都会去自家在纳帕谷的牧场。仅此而已。"很久以前,我做过一次'内向/外向'测试,我的内向程度高得惊人,"2015年,她告诉《采访》杂志,"我有些异于常人。还挺吓人。"

她本人青睐常规和秩序,奇怪的是,她的书可绝不墨守成规。以地海群岛为背景的作品,她本可以写上四十三卷,大赚一笔,而非仅仅六卷,同时鉴于我们这个年代普遍低下的水准,四十三卷同样能广受称誉。不过,她任由灵感指引自己,这灵感花开遍野。她写过长篇小说、中篇小说、短篇小说、诗歌、散文,还从事行为艺术,发表毕业致辞,出过写作手册,替人作序,自己做翻译、写评论,创作儿童图画书、青少年读物,给摄影集撰写配文,给编辑写信。她喜欢写博客,博客退潮后还在写。她是言行一致的政治活动家。她不喜欢推特。

九岁时,她写了第一个故事,写的是一个能看到精灵的人。别人都看不到精灵,但精灵们最终还是找上了他。这可能是她写过的最凄凉的故事。二十几岁时,她默默无闻,未曾发表作品,埋头学习写作技艺;又过了五年,她以令人愉悦的小幅作品在科幻领域初次亮相。而后在三十多岁时,一声巨响,她创作并出版了早期杰作《地海巫师》和《黑暗的左手》(下文分别简称《巫师》和《左手》),两部作品的出版相隔不过数月。前者由默默无闻的伯克利出版社出版,后者则由科幻大厂爱司出版社(Ace)出了平装版,但这两本书的声誉很快就超越了这些非关紧要的起点。《左手》对其他作家的影响尤为深远,向他们展示了如何把主题延伸到性别等领域，但我猜《巫师》影响了更多读者。《巫师》让他们懂得了自己对这个世界的责任——这与大多数奇幻小说相反，后者往往讲述这个世界亏欠了你什么。《巫师》讲述的是力量和责任，以及最大的敌人往往正是内心。

1970年代中期，我还是一个沉迷于科幻小说的少年，《巫师》由班塔姆出版社（Bantam）再版，封面是一条龙与一座城镇及其城堡交缠在一起，龙的鼻孔正喷涌出浓烟。这个封面既不太可爱，也不太阴森，却吸引住了我，于是我读了第一本勒古恩的作品。我喜欢这本书，欣赏其中充满托尔金气息的英雄探险，但仅此而已。2003年，为了报道一场毫无意义的战争，我带着这本书去了巴格达。晚上我会蹲伏在酒店房间的床后——这是我能找到的最安全的角落——一边听着远处的爆炸声，一边读书。这本书产生了变化，具有了我此前未曾察觉的深度。我明白了格得是如何成为法师欧吉安的学徒的，格得是一个天赋异禀又以此自傲的年轻巫师：

> 因为每逢下雨，欧吉安连每个天候师都晓得的挪移暴雨的咒语也不说。像弓忒岛或英拉德岛这种术士云集的岛屿，常可能看到乌云缓缓从这边跌到那边，从这处滚到那处，因为一个接一个的法术会不断把乌云挤来挤去，直到把它们赶到海面上方，让雨水平静地落入海中。可是，欧吉安却任凭大雨爱落哪儿就落哪儿，他只会找棵丰茂的冷杉树，躺在树下而已。格得蹲在滴雨的树丛间，湿淋淋地生着闷气，他想不通：要是过度明智而不知使用，那么空有力量，又有何用？他倒宁愿跟随谷区那个老天候师，当他徒弟，至少还可

以干着身子睡觉。格得一语不发,没把内心的想法讲出来。他的师父微微笑着,后来就在雨中睡着了。[1]

几十年来,关于勒古恩作品的讨论主要聚焦于《巫师》及其续作以及《左手》,政治倾向较强的读者偶尔会提及《失去一切的人》。这让作者非常恼火,她发现自己总是要没完没了地谈论久远以前写的书。2001年,当尼克·格弗斯在本书收录的那篇访谈中问到她新近的作品时,她明显松了一口气。步入耄耋之年的勒古恩,职业生涯的整体面貌清晰显露,她成了一位文化圣哲。2007年,《死亡射线》(*Death Ray*)杂志试图总结她的生涯:

> 问:你成果丰硕的事业正处于高峰期。你也对许多作家和读者产生了巨大的影响。你希望自己留下什么样的遗产?
>
> 勒古恩:对过界权威的蔑视,对文字力量的热切尊重。哦还有,我的书持续印行。
>
> 问:在个人作品中,你最喜欢哪些?
> 勒古恩:我爱它们所有,这些不无瑕疵的小坏蛋。

* * *

记忆中,我读到的第一篇作家访谈,是1975年在名为《大

---

[1] 译文引用自《地海巫师》(江苏凤凰文艺出版社2013年版,蔡美玲译)。

陵五》(*Algol*)的科幻迷杂志上的勒古恩访谈。这原本是一次广播访谈，和许多勒古恩的访谈一样，为在杂志印行，她对访谈内容做了大幅修改。此前她凭《黑暗的左手》获得科幻迷们颁发的雨果奖，并凭借地海系列的第三部《地海彼岸》获颁美国国家图书奖儿童文学奖，因此采访者相当鲁钝地问道：

问：国家图书奖和雨果奖，你更想要哪个？
勒古恩：哦，当然是诺贝尔奖。

问：诺贝尔奖不颁给幻想小说。
勒古恩：也许我能为和平做些什么。

她八十多岁时，诺贝尔奖已开始授予幻想小说家（葡萄牙的若泽·萨拉马戈就是其中之一），而她自己也是竞争者之一。有一年，我告诉她，她获得诺贝尔奖的赔率是二十五比一，她回嘴说，她知道那赔率的意思："我要做的就是在往后的二十五年里，比其他二十四位作家更长寿。"回过头再看，勒古恩和瑞典学院并无可能结缘，因瑞典学院深陷性骚扰和性虐待丑闻，并将此事掩盖多年。

总有一天，学者们会翻找出每一本书迷杂志和每一份俄勒冈报纸上的每一篇勒古恩访谈。他们将转录 YouTube 上的所有问答，并搜寻那些未曾公开发表的访谈。到那时，他们的成果将会是几大册满载智慧和其他美好品性的书。与此同时，下文摘录了一些并未收录于本书的访谈内容，我觉得它们给人以启迪。

为什么即便她最悲观的故事,也掺杂着乐观:

> 这可能只是因为我拒绝接受绝望的劝诫。我认为,像许多20世纪和21世纪的作家那样,承认绝望并陶醉于其中,是一条容易的出路。每当我对美国的政治,对美国(怀着)毁灭世界的疯狂冲动在生态学和全球语境下的作为感到无比沮丧、气馁时,我很容易脱口而出:"让我们见鬼去吧。人类没戏的。"但我心里明白,我无权说这话。还是有好人的。我有什么资格说三道四?绝望的问题就在于,它倾向于评判一切。[1]

她如何在1970年代初成为一名女权主义者:

> 这是一次真正的思想转变。我是一个有孩子的成年女性。很多早期的女权主义者并不欢迎有孩子的母亲。我活在噩梦中。我是一个母亲。你知道,革命运动中总会存在偏见。我并不确定自己是否被纳了。对其中一些人而言,我并不是受欢迎的人。我用了很多时间思考,才明白我可以成为什么样的女权主义者,以及我为什么想成为一个女权主义者。[2]

许多人看不到她作品中的幽默:

---

1 "Getting Away with Murder," The Millions, Paul Morton, January 31, 2013.——原注
2 "My Last Conversation with Ursula K. Le Guin," Literary Hub, John Freeman, January 24, 2018.——原注

有时写着写着，我就笑得停不下来。然后评论家们却来劲了，一本正经地谈着"讲道""顿悟""善恶之争"这些东西。我记得自己曾试图让《天钧》(The Lathe of Heaven)[1]的编剧明白，这个作品本质上是喜剧。他的剧本毫无幽默感，相当生硬。所以这可怜的家伙费了好大工夫，才把一些蹩脚的笑话强塞进去，我们又不得不再删掉。幽默是一种不稳定的事物，一旦成为一部严肃作品的元素，很多人就会忽略它，也许因为他们并不期待复杂性，而书也不会自带罐头笑声。[2]

谈到科幻小说：

科幻小说是这样的，是你在散文体小说中能找到的灵活度最高、适用范围最广、想象力最丰富、调性最疯狂的形式，而我们却任其被用于制作一玩就坏的塑料玩具射线枪，以及预先包装、预先烹制、预先消化而又难以消化的乏味电视晚餐，还有只装了热空气的巨大的充气橡胶气球？要我说，让它们都见鬼去吧。[3]

她以遥远未来的纳帕谷为背景的小说《总会归家》(Always

---

[1] 勒古恩迄今未在中文世界出版的作品，会在书名后括注其英文原名。此处的《天钧》(The Lathe of Heaven)，标题一词出自《庄子》。

[2] "2001 Book Awards". Pacific Northwest Bookseller Association. Archived from the original on June 21, 2013. Interview by Cindy Heidemann.——原注

[3] On the Media, hosted by Bob Garfield and Brooke Gladstone and produced by WNYC; broadcast by WNYC; January 26, 2018.——原注

Coming Home)采用了非传统的形式,颠覆了她一贯的创作方法:

> 你知道,小说家的工作主要是去除芜杂,让故事通畅流动,不受周围冗余之物——河岸——的干扰。嗯,在这本书里,我想把河岸也写进去。不仅是河流,还有河岸、河床,以及河边的树木。因此,我不得不想办法撇掉一切既有的写作知识……事物必须向下进入你的内心,进入暗处,变成他物,而后才能用于艺术创作。如果你使用原始的、直接的经验,你就是在写新闻,而那是另一个领域。[1]

小说中的性:

> 年纪渐长,我发现自己写到性时更加自由也更加愉悦。我不太写性,不写性行为本身,因为我不喜欢读写性的内容。读写性的文字从没让我享受过。就像读足球或摔跤比赛。观看或参与可能很有趣,但在纸上读就没意思了。[2]

谈形式:

> 我觉得短篇小说并非一种紧凑的形式。它可以变得紧

---

[1] Irv Broughton, *The Writer's Mind: Interviews With American Authors*, Vol. 2 (University of Arkansas Press, 1990).——原注

[2] Helene Escudie, Entretein avec Ursula K. Le Guin, in "Conversations With Ursula K. Le Guin," edited by Carl Freedman (University Press of Mississippi, 2008).——原注

凑；专于设计紧凑情节和偏好在结尾抖包袱的作者，都喜欢让小说紧凑。但就其本身而言，短篇小说的潜力是巨大的。只要读过契诃夫，你就会确信这潜力。它就像十四行诗。十四行和严格的韵律格式似乎是一种紧凑、封闭的形式，但华兹华斯却将伦敦全境和整幅日出景象都写入其中。[1]

她是否认为自己是激进分子：

是的，我是。轻易就是了。当然，是说在美国身为激进分子……稍偏左一点儿，你立即就会被称为"激进分子"。我在政治上一直是某种层面的社会主义者或近似此类的，这在美国可算非常激进了。我认为我的一些写作，以一种安静的姿态流露出激进。我不喜欢危险的写作，不喜欢震慑人心的东西。如果"激进"是指深入写作的根源，那么我认为这正是我的工作，努力深入根源。[2]

为什么地海的地图先于故事产生：

起初，地图可因应故事调整。这是幻想作品的魅力所在——你的创造可因应需要而变化，至少开始时如此。如果

---

[1] "An Interview with Ursula K. Le Guin," Association of Writers & Writing Programs, Ramola D, October/November 2003.——原注

[2] "Ursula Le Guin talks Sci-fi Snobbery, Adaptations, & Troublemaking," Den of Geek, Louisa Mellor, April 7, 2015.——原注

我不希望耗时两周,比如,从一个岛去另一个岛,那我直接把岛屿彼此移近就好。不过,一旦你决定了岛屿间的距离就是那么远,事情就成了定局。地图已然绘成。你必须适应它,就像它是现实。它也正是现实。[1]

出身西部如何影响了她的工作和事业:

远离商业出版中心,也远离东海岸文学圈的内部团体及其焦虑和影响,在那边的首要问题是:"我在局内吗?"——我们这些左翼佬、下里巴人、草原松鸡什么的,所持态度往往更像是"哦,见鬼去吧"。这很健康。我从不认为作家成为局内人真的会有益身心。[2]

虚构事物的真实性:

这与小说的本质有关。那个由来已久的问题:我为什么不写实际存在的东西?很多20世纪——和21世纪——的美国读者认为这就是他们真正想要的。他们期待非虚构作品。他们会说,我不读小说,因为它不真实。这种想法过分天真了。写小说是人类特有的行为,且在特定情况下发生。我们

---

1 Larry McCaffery and Sinda Gregory, *Alive and Writing: Interviews With American Authors of the 1980s* (University of Illinois Press, 1987).——原注
2 "An Interview with Ursula K. Le Guin," AWP, Ramona D, October/November 2003.——原注

不知道写小说究竟有什么具体目的。但小说的作用之一,就是引领你认识你以前并不了解的事物。

这正是许多神秘的知识领域所追求的——直接地看,真切地看,真切地觉察。这意味着你能更深刻地认识周围的事物,它们由此看来别具新意。所以说,"看出新意"和"认识"其实是一回事。[1]

学会与托尔斯泰争论:

问:你说你以前对托尔斯泰过于尊重,不敢有不同意见,但六十多岁后,尊重的能力有所退化,你开始对托尔斯泰提出不甚礼貌的问题。那是些什么样的问题?

勒古恩:你为什么说"幸福的家庭都是相似的"?你知道,《安娜·卡列尼娜》那著名的开头。这话说得多么荒唐。给我看看两个相似的幸福家庭。给我看看两个幸福的家庭也好。

问:那个开头是不错啊,随后引出这样的家庭,做一比较!

勒古恩:对,是的。有些家庭时常是幸福的,我就在这样的家庭中长大。但说他们是"一个幸福的家庭",或一个一直幸福的家庭……你在说什么,托尔斯泰?我觉得他

---

[1] "Ursula K. Le Guin, The Art of Fiction No. 221," *The Paris Review*, John Wray, Fall 2013, Issue 206.——原注

只是找到了很好的开篇句,听着相当不错,都没法弃之不用了。[1]

我们不确定的现实,如何需要新的故事讲述者:

> 我最欣赏的美国科幻小说家之一是菲利普·K.迪克,迪克的世界内含大量纯然疯狂的脉络。那是一个随时都可能跌得粉身碎骨的世界。它准确地描绘了很多人脑海中正在发生的图景,描绘了这个世界实际上如何对我们施加影响——我们生活其中的这个怪异、破碎、始料不及的世界。看看,菲利普·迪克在他的小说中,用理性的、实事求是的文字来描述彻底疯狂的事物。这是一种反映现实的方式。[2]

年纪渐长,她越发叛逆不恭。去世前一年,她回应了《泰晤士报文学增刊》的一个问题:"二十五年后,你的领域会是什么模样?"

> 我的领域?我还好奇,我的领域是什么。我最喜欢的领域,是加利福尼亚老牧场谷仓周边的那块地。我希望二十五年后,它看起来还是现在的模样:密布着野燕麦、菊苣、狐

---

[1] *The Book Show*, hosted by Ramona Koval and produced by the Australian Broadcasting Commission; broadcast by ABC Radio National; May 4, 2008.——原注

[2] Irv Broughton, *The Writer's Mind: Interviews With American Authors*, Vol. 2 (University of Arkansas Press, 1990).——原注

尾状植物，四处是田鼠、豺狼和鹌鹑。[1]

勒古恩常说，人生就是一次回到起点的旅程。真正的旅程是返程。到达终点时，你的见识或许会比起程时多一点点。

> 真正的问题难道不是：这工作值得做吗？作为一个人，我是在为我真正的需要和期待而工作——还是在为国家或广告商灌输给我的期待而工作？我有选择吗？我认为这就是无政府主义的本质。我是让别人替我做选择，从而委身于权力的游戏，还是自己选择，并为自己的选择承担责任？换句话说，我是要做一个机器零件，还是要做一个人？[2]

* * *

我又在读《地海巫师》了，这次是大声念给我九岁的女儿听。手头的《地海巫师》还是1975年买的那本，虽然已残破不堪。我们读到了这里：因傲慢自大，格得把一头骇人的阴影生物释放到了世上，他此刻乘船，是要去与龙对峙。莉莉想知道为什么格得要与龙对抗，而不是与其为善，想知道为什么所有的巫师都是男人。我告诉她，勒古恩最后也提出了同样的问题，地海系

---

[1] "Twenty Questions with Ursula K. Le Guin," *The Times Literary Supplement*, March 4, 2017.——原注

[2] Jonathan Ward, "Interview with Ursula K. Le Guin," *Algol* No. 24, May 1975.——原注

列后续的作品展现出别样的生活图景。

在我眼中,这本书又显露出新意。少年时代,我把它看作一个英雄冒险故事。在我短暂的战地记者生涯中,它是一个关于权力的寓言故事。现在,它是一本关于自我反省的书,是一本讲述何以整全、诚实生活的书。格得求取生存的唯一希望,就是扭转被黑影追捕的局面,反过来猎捕追捕者,夺回世界。我们国家正处于动荡不安的时刻,这一信息弥足珍贵。在 2014 年国家图书基金会终身成就奖的获奖感言中,勒古恩再次传达了这一信息:

> 我们生活在资本主义中,它的势力似乎避无可避——但君权神授同样如此。任何人类权力都可以被人类自己抵抗和改变。抵抗和改变往往源自艺术。它常存于我们的艺术中,言语的艺术中。

我觉得写科幻小说很自由，贴上标签可能比不贴标签更自由，尽管我认为自己就是"小说家"而已。

THE GIFT OF PLACE

感知地点的天赋

采访者
《10 点 5》编辑团队

《10 点 5》杂志（*10 Point 5*）
1977 年春

采访者：凯伦·麦克弗森、彼得·扬森、艾莉森·哈尔德曼、大卫·泽尔策和凯伦·克拉默。

扬森 你写科幻小说。那你对未来有什么具体的设想吗？

勒古恩 科幻小说的特点是，它并不真正关乎未来。它关乎现在。但未来给了我们展开想象的巨大自由。科幻就像一面镜子。你在其中可以看到自己的后脑勺。

麦克弗森 你说过，写科幻小说有时就像做"思想实验"。你设定一系列前提条件，再看它们会导向什么结果。比如，在《失去一切的人》中，你设定的前提是一个无政府主义社会，这有点儿像实验室工作。你能否由此真正了解无政府主义——了解它是否可行、如何运作，了解它的优势和缺陷？

勒古恩 当然可以。称之为"思想实验"或许有点儿科学腔，有点儿冷漠。当我说到这个词的时候，我只是想显得郑重其事。不过，这的确是一个过程、一种技巧。我在《黑暗的左手》中有意识地使用了。我想看看在一个雌雄同体的社会里会发生什么。《失去一切的人》实验性并不强。动笔的时候，我就自认为了解故事走向了。但写《黑暗的左手》时，我频频陷入困境，因为尽管费尽心思构想出了那个世界，我却依然没法确定一个雌雄同体的人会如何思考。我会想，伊斯特拉凡此时会如何反应？于是我坐下来，说好吧，我不规划下一步写什么，像这样的神话故事[1]，总会自然浮现。我只能如此解释说，是我的无意识告诉了我雌雄同体者是如何思考的。总之，每写完一个神话，我就撇开，继续写下一个，就这样，我越过了故事中的疙瘩或纠结。我没打算把它们收进书里。它们只是我解决问题的工具，但当全书完成后，我看着它们，心想，哎呀，其中有些真是不错，它们可能会有助于人们阅读这本书，于是我就把其中的大部分收进了书里。写书期间，我深深沉入那个世界，甚至可以用卡亥德语写作。我可以用卡亥德语写诗。

哈尔德曼　你是如何构思地海世界的地理景观的？

勒古恩　这是个大问题。你或许说到了幻想作品创作的本质。我不能说是我创造的。感觉并非如此。感觉是我发现了它。你内心有一个地方，一片汪洋，其中

---

[1] 具体参见《黑暗的左手》。在主要情节中，间杂了各种来源不一的神话故事或民间传说。

散布着诸多岛屿。岛屿上住着这些独特的人。你写下他们的时候，你就发现了他们。这自然和做梦有关，或者说，和心理学家所说的"有意想象"有关。不是白日梦，白日梦只是神思游移。这真是很奇异的事，我无法解释。

麦克弗森 你在《世界的词语是森林》一书中，写了很多关于梦境和现实的内容。

勒古恩 是的。奇怪的是，我写完这本书后，查尔斯·塔特寄给我一本他写的书，叫《被改变的意识状态》，问我是否知道马来西亚的塞诺伊人。1930年代，一位人类学家去研究过他们——他们的文化以做梦为基础。但后来，似乎再也没人找到过他们，我不知道这一切是不是他凭空想象出的。塞诺伊人利用梦境——培养梦境。他们和我写的小绿人[1]太像了！那个部落没有谋杀的记叙。和他们邻近的都是好战的部落，但没人会攻击塞诺伊人，因为传说他们是魔法师和巫师，尽管事实上，他们并不使用魔法——他们使用梦境。当大人和孩子们聚在早餐桌边时，孩子可能会说："我梦见我掉下去了。"大人

---

[1] 小绿人，《世界的词语是森林》中的外星生物。身高一米左右，全身绿色毛发。族群内部和谐，由老年雌性掌权。雄性作为梦者，能掌控自己的梦，穿梭于梦和现实间，将负面事物留在梦中，将温柔和快乐置于现实中。

会答:"妙极了!你掉到了哪儿,看到了什么?"如果孩子不知道自己掉到了哪儿,第二天晚上他会回到梦中,梦见自己掉到了哪里。比方说,如果你在梦里遇到了一只老虎,你可以做任何事。你可以让它吃掉你,看看那是什么感觉。或者你也可以吃掉老虎。或者和它交个朋友。荣格也写过类似的事。你在梦中遇到了一个人,第二天你回到梦里,会发现他想要什么。我抚养孩子的那个年代,大众观念是永远别把一场梦太当回事。你该告诉你的孩子:"哦,那只是个梦。"这种观念我从不认同。我从没跟孩子这样说过。

泽尔策　在《天钧》中,你写出了梦的实质。

勒古恩　是的,那本书是1960年代写的,当时正值各种对睡眠和梦的研究热潮。这类研究现在似乎陷入了瓶颈期,但那时候可是热门议题。我读了那时能读到的各种最新研究成果,这本书由此而来。我最近才开始研究荣格。他是一个真正的萨满。有强大的法力和能量。从他的书中就可见一斑。读完他的一本书,之后一周我都会持续受到他的影响;他的人格如此强大,你必须时刻保持警觉。我不得不开始读荣格的书——写完"地海三部曲"后,人们会走过来对我说:"当然了,'阴影'直接来自荣格。"我说:"什么来自谁?"有人批评荣格过于宗教化和神秘倾向。实际上,我觉得他并不比道教更宗教化……我觉得荣格非常实用。我这么说,是作为一个女人和艺术家。是作为一个中年人。荣格从不贬低弗洛伊德。他只是觉得弗洛伊德过于看重某些东西。比如俄狄浦斯情结。在二三十年代的弗洛伊德论战后陷入低谷的中年人群,荣格对他们很感兴趣。三十五岁或年纪更长时,你已了然一切——你知道如何做好分内事——但忽然间,你必须从头理解所有。我对"完整的人"这个概念很是着迷。另一个迷人之处在于,如果先读了荣格的书,我想我就写不出地海系列了。但它完全"来自"荣格。现在读着读着,我就会说:"哦,这就是我正在写的?"所以我的写作几乎就像对荣格理论的证明。

泽尔策   我注意到,你的书里没有阿尼玛。

勒古恩   当然不会有——我是个女人。我的书是由阿尼姆斯写成的。我的阿尼姆斯,给我灵感的事物,肯定是男性的。人们常说缪斯——好吧,我的缪斯可不是穿丝绸裙的女孩,这是肯定的。当然了,以上都是隐喻的说法。[1]

---

[1] 阿尼玛为男性无意识中的女性面向,阿尼姆斯则为女性无意识中的男性面向。——原注

麦克弗森　　在地海故事中，阿尼玛形象最初出现在阿儿哈身上，但格得没有追随她——他把她撇在一边，依循他自己的命运。

勒古恩　　是的，格得不应该建立关系。有时我并不能控制局面。巫师通常都是独身，甚至是处子身。我也不知为何如此。但当你像我一样依赖于无意识时，你就应该相信它。

麦克弗森　　不过，我在想，我们已认可的一些原型[1]，是否由刻板印象形成，而这些刻板印象是我们必须学着去打破的。《失去一切的人》中的鲁拉格，是一个与格得相似的角色，她与人无争、遗世独立，抛开家庭联结，依循自己的命运。只不过，格得的行为似乎很自然；而鲁拉格的行为却让我们感到困扰，看起来并不自然。

勒古恩　　是的，尽管我觉得，如果我在地海系列中写的主角是一个女巫，她也会像格得一样，或许还会更加独立。但感谢上帝，有了女权主义。我们正在学习将刻板印象与真正的原型区分开来。

麦克弗森　　我知道你总会听到评论和质疑，说你几乎所有的作品都以男性视角写成。但依我看，你由此写出了很

---

[1] 应指荣格原型，荣格提出的心理学概念，指代一种普遍的内在观念、思维模式或心理图像，由此展现出人类的集体无意识。

多有力量的女性，她们也许比你塑造的男性更多样化。《失去一切的人》中有三位十分重要的女性：鲁拉格、塔科维亚，以及间接呈现的奥多。每个角色所触及的女性面向并不相同，但她们对女性解放都意义重大。

勒古恩　我尝试用这种方式书写女性。我是个女人，自然以女人的身份写作。我没法不如此。在我笔下，女性往往更为多样、复杂，男性则更为传统。我最近收到了苏西·麦基·查纳斯（Suzy McKee Charnas）的一份手稿。她写了一本好书，但很难卖掉书稿，因为书中没有男性。出版商说："没人会买这本书，里面全是女人。"苏西使得我对这个问题思考良多。她说，以女性视角写作要困难得多，因为我们的写作——部分来说——仰赖于我们所读的一切。我们并无传统可循。大多数关于女人的书都是男人写的。我们有谁呢？乔治·艾略特、勃朗特姐妹、简·奥斯丁、弗吉尼亚·伍尔夫。所以我们选容易的路径，把男性作为主角，在他身边安排一些女性，她们强大，但又半隐身，作为配角。

扬森　在科幻小说中，男性似乎只有两种身份。要么是军人，要么是外交官。

勒古恩　是的，嗯，我们既没有新女性的传统，也没有新男性的传统。这是我们非得解决的问题。

扬森	或者人类学家。这是第三种可能。就像《世界的词语是森林》里的留波夫一样。你用上了这个身份。
勒古恩	我的确认识这样的人。他们和我一起长大。在我家周围出没——人类学家和印第安人。他们都是好人。其中很多是从德国来的难民。他们也是人种学家,正在做田野调查:两重层面的颠沛流离。所以他们并不符合传统的人物设定。
麦克弗森	你谈到文学作品中缺乏打破传统人物设定的典例。那么当代的一些女作家有写出过吗?比如阿特伍德、莱辛?
勒古恩	当代小说我读得不多。我更乐意等等再说……玛格丽特·德拉布尔是我非常喜欢的一位当代女性小说家。多丽丝·莱辛可把我逼疯了。我读《简述地狱之行》(*Briefing for a Descent Into Hell*),前五十页写得很好,但后来她就泄了气。真是写砸了。我都想把书扔到房间另一头去。
麦克弗森	我不会根据那本书来评价莱辛。但其他一些作品,比如"暴力之子"系列——《四门之城》(*The Four-Gated City*)确实是科幻小说。
勒古恩	她最新的作品(《幸存者回忆录》)也是,不是吗?但她撇开了"科幻小说"的标签。她先写的是正统小说。

克拉默　你是否想过,这个标签限制了你的读者群?你对此有所反感吗?

勒古恩　当然,确实会限制读者群。一些科幻作家为此相当生气。但情况也在改变。越来越多人开始忽略标签。本质上,这是市场行为。出版商在取巧,他们贴上标签,书就肯定能卖——如果你想知道不堪的真相。这就是为什么,这样的标签已不再具有任何意义。我觉得写科幻小说很自由,贴上标签可能比不贴标签更自由,尽管我认为自己就是"小说家"而已。不过,如果我写作单纯为了赚钱,而且可以自行决定——我会要求贴上"科幻小说"的标签。关键是把书出版,让人阅读,不是吗?

扬森　在苏联,(持不同政见的作家安德烈·)西尼亚夫斯基(Andrei Sinyavsky)和(尤利·)丹尼尔(Tuli Daniel)说过,把科幻小说当作社会讽刺小说的幌子用,是很常见的。

勒古恩　是的,但苏联政府对此已有所察觉。斯特鲁伽茨基兄弟[1]是十分优秀的作家。他们写科幻小说,甚至用美国或加拿大来代替苏联,以加深伪装,但那显然是社会讽刺小说;他们现在遭到了封杀。他们的书

---

[1] 斯特鲁伽茨基(Strugatsky)兄弟,两人为苏联科幻小说作家。从1957年开始联袂创作,代表作为包括《路边野餐》在内的"日正中天"系列。

稿无法通过审查。我们这儿不需要遮掩,但科幻小说的确是社会讽刺的天然媒介。

扬森　我刚读完《世界的词语是森林》。我自己也参与过反战。这本书主要由你其他的作品综合而来,还是源自你在现实中所了解的关于越南的事?

勒古恩　这是1968年我在英国写的,当时越南局势日渐紧张。我长期参与波特兰的和平运动。虽然参与得不深,但至少我们每年都会去游行一两回。英国也有和平游行,但对一个美国人来说,那并不一样。我的手就像被缚住了。我觉得自己身陷困境,所以我想,当时的情形就呈现在了那个故事里。那是我写过的最切近现实议题的故事,痛苦和愤怒让我无法释怀。

扬森　你在《失去一切的人》中写到了无政府主义。你与国际上的无政府主义运动有联系吗?

勒古恩　自从写了《失去一切的人》,我收到过很多无政府主义团体寄来的杂志。伦敦有很多无政府主义者,纽约也是,美国西南部也是。但我想,组织无政府主义者天然就是不可能的,不是吗?而且令人沮丧的是,这所有的团体似乎都在因内部分歧而分崩离析。也许作为一个小规模的、基本无组织的运动,无政府主义者的戒备心太强了,他们在内部最终也会变得戒备彼此。

克拉默 有人批评科幻小说过于宿命论,你怎么看?

勒古恩 现在很多科幻小说呈现一种外推法[1]的趋势——末日幻想。这种作品令人沮丧。它并不揭示未来。尽管有些作品一度也颇具力量。约翰·布鲁纳[2]就是一位书写末日的作家。他是一个具有道德感、心怀忧虑的人。他说他想表达的是"别走这条路!"。这样的书无异于停止标志。人们也确实厌倦了一而再、再而三地面对停止标志。

泽尔策 你借鉴了多少童话或神话?

勒古恩 嗯,区分这两者是没用的;你最终得到的总是该死的相同的原型……有人跟我讲,科幻小说只有五个主题。

麦克弗森 都是什么?

勒古恩 他没说。其中一个当然是"第一次接触"类的故事了。

哈尔德曼 人们不是倾向于选择自己喜欢的原型,然后依此搜

---

[1] 外推法,根据过去和现在的发展趋势推断未来的一类方法的总称。
[2] 约翰·布鲁纳(John Brunner,1934—1995),英国科幻作家,其创作深受科幻"新浪潮"运动的影响,同时有意识地借鉴主流文学。代表作有《立于桑给巴尔》。

寻书写该主题的作品吗?

勒古恩　当然了。因为人们总是需要新的象征和隐喻。

泽尔策　你在很多作品中都用了"时间平移"的概念,即人们以低于光速的速度在外太空航行,回来后发现,在身处太空的短暂时间里,他们的母星已过去几百年。

勒古恩　是的,这是童话故事中一个非常古老的主题:夜里和仙子们一起去了山下,再回村子里时,一百年已经过去。

哈尔德曼　科幻小说喜欢借用传统而古老的童话和魔法,并在科学语境中加以解释。

勒古恩　这做法我一点儿也不喜欢。像《众神的战车》这样的东西我真的毫无兴趣。那并非真正有说服力的解释。当人们试图给出科学化的理论解释时,神奇的魔力似乎会遭到破坏。这和把古老的神话用新的隐喻加以装扮是两回事。[1]

泽尔策　很多科幻小说似乎把新隐喻全然等同于新技术。你更像是一个人文主义者。

---

[1] 埃里希·冯·丹尼肯的《众神的战车》在 1970 年代早期是一本超级畅销书。它假设古代文明是在外星来客的帮助下发展起来的。——原注

勒古恩　　我从没想过为什么科幻小说里不能有人类。除非你想要的只是一个线路图式的故事。但我写的故事不是这种。除非你是十六岁的孩子,不然这样的故事你很快就会厌倦。必须要有写给成年人看的科幻小说。这意味着要让人物具有可辨识的人性。

泽尔策　　在《地海巫师》中,你知道攻击格得的那个东西最后会是什么吗?

勒古恩　　不,我不知道。我是说,我当然有一些概念。动笔之前,自然对它的形态有大致感觉。但我不知道那个东西会变成什么样子。这本书完成后,人们会告诉我:"哦,我当时就知道它是什么了!"这着实让我恼火,因为我竟然不知道。我是在格得知道前的一刻才知道的。

你是想知道那东西从何而来?大约六年前,我买来一台显微镜,好观察水滴中的动物。我在幻灯片上滴了一滴从苔藓上采来的水,然后调好镜头焦距,它就出现了!它看起来像一只毛茸茸的熊,有六条腿,但没有脸。在显微镜下,它看起来颇为庞大——一头怪物。它就在那儿,抬头看着我,毫无表情。令人悚然。你有过这样的感觉吗?后来我查了一下,才知道那是什么——它们叫水熊虫。我想,由八个或十个细胞组成。

泽尔策　　你恐怖场景写得很好。《流放星球》(*Planet of Exile*)

	中写到雪鬼的部分真的很吓人。
勒古恩	你夸到了我心上。反派我写得不好,所以我想就多写写怪物。我不常遇上坏人。
扬森	《世界的词语是森林》中的戴维森,就算一个坏人。
勒古恩	是的,戴维森上尉是我写过的唯一一个真正的坏人。不知为什么我不太会写坏人。我喜欢读别人书中的反派人物。狄更斯的反派写得最好。
泽尔策	巫师喀布,在"地海三部曲"的最后,拔掉了世界的插头……?
勒古恩	那个走上歧途的巫师。但你看到他的场景很少。他并没成长为一个真正的反派。
扬森	格得没费太大力气就战胜了他。
勒古恩	格得付出了一切。他不得不放弃他所有的力量。
麦克弗森	你的一个重要的主题,似乎是区分真实和谎言——即认为存在着一些基本的、无懈可击的真相。
扬森	越南有句谚语说,诗不可能撒谎……
勒古恩	这说法不错。好吧,在神交术[1]中,你不该有能力撒

---

[1] 神交术(mindspeech),《黑暗的左手》中一种既无需口头语言也可以避免谎言的大脑对大脑的沟通方式。

谎——在我的许多书中都是如此——心灵与心灵直接交流时，你怎么可能撒谎？地海系列中龙所说的太古语，是事物在其中具有真名的语言。这正是地海巫师们魔法和力量的源泉。他们习得了真名。这就是格得力量的来处。

泽尔策　　在《黑暗的左手》中，你使用了另一个心理/精神概念。你是怎么想到在那本书中设置"预言未来"这部分的呢？

勒古恩　　我给预言家所设置的预知未来的方法，实际上源自对精神分裂症相关资料的阅读。有人认为，精神分裂症患者的时间感可能会轻微移位，而这对大多数心理学家来说似乎有些神秘难解，不过有时候，情况似乎果真如此。因此，我在预言家中加入了几个精神分裂症患者，并尝试围绕这一点来写。你知道，菲利普·K. 迪克在一部名为《火星时间穿越》的精彩作品中也用到了这一点。如果你想知道——我希望你此刻并不知道——发自内心的愤怒是什么体验，那就去读那本书吧。因为他知道，也释怀了，然后带你穿过了愤怒。我认为他是我们最好的科幻作家之一，也是美国最好的小说家之一。

哈尔德曼　　你觉得哈兰·埃里森怎么样？

勒古恩　　哈兰是容易冒犯大众的那类人，而如果你喜欢那类人，你肯定会对他喜欢得不行。哈兰这座火山，是一座永远处于喷发状态的火山，如果你脸上能承受住大量熔岩，你对此也并不真的介意，那就再好不过。如果脸有时会被烧伤，你可得时不时地避让一下。

哈尔德曼　　有没有人来找你商洽，要把你的书拍成电影？

勒古恩　　哦，有的，数不清的人为电影版权的事找过我，又转头离开。我个人并不认为我的书适合拍成电影。我只有一个梦想。如果你读过我的书《天钧》，我希望看到梅尔·布鲁克斯[1]把它拍成电影。吉恩·怀尔德[2]饰演乔治。吉恩·怀尔德就是乔治。

麦克弗森　　《天钧》是一本非常有趣的书。

勒古恩　　我一直被困在一个要么令人沮丧，要么极度道德的形象中，这很无聊。《天钧》是我写的第一本有趣的书，也是最令人绝望的一本。我想很多作家在遇到十分糟心的事或者他们害怕的东西时，都会去幽默中寻求庇护。幽默是极好的庇护，不是吗？嗯，想想黄色笑话：每个人都难免谈性色变，所以我们就都讲讲黄色笑话，为此放怀大笑。

---

[1] 梅尔·布鲁克斯（Mel Brooks，1926— ），美国电影导演、编剧、作曲家、作词家、喜剧演员和制片人。一生多次获得奥斯卡奖、托尼奖、艾美奖等演艺荣誉。
[2] 吉恩·怀尔德（Gene Wilder，1933—2016），美国演员、导演、编剧、作家和社会活动家。被认为是 20 世纪最杰出的喜剧演员之一。

麦克弗森　你什么时候第一次意识到自己是一个作家？

勒古恩　我总在写作。而我又是如此自大。我甚至没说过我想成为一个作家。我只是在心里想，我就是一个作家。我在大学里修读了创意写作课。教课的老师是一个以女性笔名为《周六晚邮报》撰稿的男教授。那时我就确定，我讨厌创意写作。我写书与任何教授的课程无关。我让自己有能力以别的方式谋生，因为我自知没法靠写书谋生。我就这样把书写完，寄给编辑，又收到退稿。大约有十年都是这么过来的。我很不乐意跟人说起这些。听着令人丧气。

克拉默　你是否曾经坐下身想写作，却文思枯竭？

勒古恩　是的，这是身为作家都会患上的一种病，所谓写作障碍。截至目前，我最长的一段障碍期是两年多。真不好受。[1]

麦克弗森　一旦你开始创作一部大作品，比如长篇小说，需要投入大量时间，你如何让创作的活力持续流动，抵挡不断到来的干扰？

勒古恩　我认为，海明威就此提出过明确而实用的建议。他说，写短篇或长篇小说，永远不要在一个适合停顿的地方停笔；稍微越过，或还未写到，就停笔。

---

[1] 此处与引言中斯特雷菲尔德说勒古恩从不了解写作障碍这点有所出入。

句子还没写完,也可以停笔。明天回到案头时,你可以重读最后几段或几页,直到你想到"哦是的,接下来事情会这样发展",你就可以重新回到你的无意识之流中。提笔和停笔,有时是非常棘手的事。

麦克弗森 　怎么应对"似乎从未写完过任何作品"这种情况?

勒古恩 　这种情况多见于年轻作家身上(尽管我讨厌用"年轻作家"这说法),但真正的问题可能又在于动笔。这并不是说你文思枯竭。而是说你写出开头,又返回去重写,这样你永远不会翻过第一页。这是一种综合征,我有一个轻率的建议——继续写,写第二页、第三页,而且永远不要回看。完成些什么,无论写得多差。然后把稿子撕成碎片,挤压到血汁流溢,再重写五十遍。不过我认为,你说的是完美主义的问题,完美主义者无法真正开始,除非他们想法子压制本能,只管埋头向前冲。

麦克弗森 　不过我认为另一个麻烦是,你会写上两百页,而后不得不承认写得不行,不得不彻底废掉这稿。

勒古恩 　我更像是你说的这种作家。我写过很多很多无用的开头。事实上,二十九岁之前我写的一切都没法用。我把它们放在盒子里。空荡荡的大阁楼正好用来储物。但这都是学习。我是个晚熟的作家。早年至少写过四部小说。它们可能是有史以来写得最差劲的小说。

扬森　　你如何确定你正在写的书写完了？

勒古恩　嗯，要看情况……就像在转轮上做一口陶锅，顺便说一句，我做不好，但我看过其他人做——锅会有做好的时刻，那时你最好把手拿开。你已经得到了你想要的形状。此刻这个锅已然很美，因为它已经成型。一本书的写作则是循序渐进的。但两者确实是同一件事。书完成的时刻总会到来。你必须知道何时停笔。这意味着在动笔之前，你就必须对形态有个模糊、笼统的了解。

扬森　　你通常会让故事中的人物替你写故事吗？

勒古恩　有时会。有时根本不会。有时我感觉自己可以控制、操纵它们。但人物确实会占据主导地位。大多数小说家谈到这种现象时，多少都带着些敬畏。你写出一个人物，却无法让他闭嘴，这情形是有些吓人。

扬森　　你会放任这情形发生吗？

勒古恩　某种程度上会的。我写过的人物里，带给我最大麻烦的是地海故事里的巫师格得。他完全自主。在《地海彼岸》中，我不得不大幅修改，删掉格得告诉我的东西，这些内容谁读了都会感到无聊。

泽尔策　　你用到了很多对话形式。

勒古恩　　我自认不擅写对话,因此要写就要尽己所能努力地写。我也不擅听人对话,这样的能力或许是上帝才可给予的礼物。我想说,我得到的礼物是感知地点的天赋。我对地点非常敏感。比如当我想家时,我想的并不是家里的人,而是人们身处其中的那些房间。我想要身处那个房间——房间也意指归属于房间的那些人。这似乎就是我的想象力运作的方式。我的确擅于此道。

哈尔德曼　你的确创造出了美妙的景观。"地海三部曲"营造出一幅鲜活的海洋图景——你经常乘帆船航行吗?

勒古恩　　所有的帆船航行都是虚构的。你能虚构的东西会令你惊叹。我这辈子除了一艘九英尺长的独桅艇,就没开过别的船了。那是在伯克利海盆,水深三英尺的水域里开。我们成功地把船弄沉了。唱着"我的上帝离你更近"的同时,船帆被打湿,船也在下沉。我们不得不涉水登岸,回到租船的地方,告诉人家情况。他们简直不敢相信。"你们做了什么?"你知道有趣的是,有人总是告诉别人要写他们了解的事。但你不需要了解,你只需要有能力生动地想象。

克拉默　　你读过很多科学作品吗?

勒古恩　　我对数学没什么感觉，所以读不了太深。小时候我想成为生物学家，但被数学难住了；我是那种笨脑瓜。不过，我读给农民写的书，兴之所至地读。

麦克弗森　《失去一切的人》里写到的那些物理理论呢？

勒古恩　　我不得不深入研究——主要研究（J. T.）弗雷泽的《时间之声》（*The Voices of Time*），你听过这书吗？这是一部书写时间的作品总集。关于时间的著作，农民能够理解的并不太多。在《失去一切的人》付梓前，我没给科学家看过，但后来，我把书拿给波特兰州立大学的一位物理学家朋友看了。他对我说："你的预测并非全无可能。"他说，虽然我或许把量子力学挤压得有些变形，但也写出了一堆还算不错的胡言乱语。有趣的是，我在写作的当时明白自己在写什么。我在脑海中让这一切保持着岌岌可危的平衡，真是不可思议。我想换到现在，我根本就理解不了了。

泽尔策　　你写科幻小说，是因为你喜欢读吗？

勒古恩　　作家经常被问："你为什么写作？"你知道，这个问题无法回答。不过，很多人会这样回答——我写这本书，是因为别人都不写，而我想读它。事实上，托尔金也说过——他说："我知道别人写不出来，因为再没有人了解中土世界了。"

麦克弗森　　我想你若为此而写作,你的读者就不大可能会感到无聊。你的多面性真是可观——你似乎并不拘泥于一个故事、一类主题或一种人物类型。

勒古恩　　我讨厌自我重复。如果我开始自我重复,我希望自己有勇气打住。

扬森　　要你说,你的作品包含了表达观点的成分吗?

勒古恩　　当然,我想我写的所有作品,都是在表达观点,不过我并不知道那观点具体是什么。我也并不会为此愧疚。如果你能准确地说出一个故事的意蕴,那这故事为什么不用几句意蕴来表达呢?为什么要大费周章地编制情节和人物呢?你这样述说,是因为唯有如此,你才可述说。

克拉默　　能谈谈你的新书吗?

勒古恩　　还没出版。你会有兴趣的,主角是一个女人。说到主导你书的人物……这本书短小朴素。只有四万字。故事发生在一个监牢星球上,上面有两个被流放的族群。先是一船顽固的犯罪者被送来,五十年后又来了一群和平主义者。书名就叫"被流放者",或者"环树",或者——有人知道什么好书名吗?要不,"战争与和平"?[1]

---

[1] 这部小说出版时的书名是《苍鹭之眼》(*The Eye of the Heron*)。——原注

我想弄清男女间的差异到底是什么，所以我采用了这种略带实验性的设定：其中的人，同时是男人和女人。

NAMING MAGIC

起名的魔法

采访者
多萝西·吉尔伯特

《加利福尼亚季刊》(*California Quarterly*)
第 13/14 期，1978 年春 / 夏

这次采访发生于1976年12月，在北伯克利拱门街的一栋房子里进行。这栋房子是厄休拉·勒古恩出生时她父母的居所，她在其中长大。勒古恩女士在门口迎接我，带我穿过客厅和厨房，她的母亲在厨房里忙着烹饪，抬起头表示欢迎；勒古恩女士和我走进后花园边上一个日照充足的小房间，这儿曾是她父亲的书房。现在，每逢她来伯克利短住，这儿就是她的房间。透过窗户，看得到外面的花园，听得到小喷泉的声响。这是一个让人感到专注、放松，也实用而舒适的房间；房间内饰以黑和棕为主色调，房中摆着一张双层床、几把舒适的椅子和一张大桌子。厄休拉·K.勒古恩身材高挑、纤瘦，一头齐整的黑色齐耳直发，一双大眼睛也是黑色。她说话的声音深沉而富有音乐感，音调多变；她的嗓音尤其能传达出幽默或略带讽刺的喜悦。我们交谈时，她抽着一支石楠根质地的烟斗。

吉尔伯特　　你在这栋房子里长大。这房子是否和你有着强关联，关系着你身为一个作家的成长，关系着你最初意识到自己是一个作家的时刻？

勒古恩　　嗯，当然了。它是一栋颇有主见的房子。

吉尔波特　　是呀,我看出来了。

勒古恩　　也是一栋非常宜居的房子。当然,我在这儿一直住到十七岁才搬走。所以,我整个的人生起点都在这里。还有纳帕谷。

吉尔伯特　　哦,是的,在纳帕谷有一栋叫基沙米什的家宅。这个名字来自一个神话人物,我猜这人物是你哥哥编出来的。

勒古恩　　是的,类似于传奇故事。

吉尔伯特　　在你和你兄弟们的童年时代,有很多这样编造出来的传奇故事吗?

勒古恩　　嗯——是的。我的兄弟们各有各的怪癖。我们都有些疯劲儿。编神话的那位是唯一这么干的。

吉尔伯特　　你没编过?

勒古恩　　没公开对人讲过。他会大声说出来。

吉尔伯特　　原来如此。你一直认为自己会成为作家吗?

勒古恩　　是的。

吉尔伯特　　不是有一天,你忽然决定"这是我要做的事"的?

勒古恩　　不,我从来就知道。

吉尔伯特　是什么促使你写科幻小说的?

勒古恩　想要发表作品。我写的东西一直都是——都有你们所说的幻想元素。

吉尔伯特　一直都有?

勒古恩　一直都有,从开始就有,除了诗歌。故事发生在一个想象中的国家或类似的地方,出版商不知如何命名,他们都不知道那是什么。所以也就没有出版。二十多快三十岁时,我又开始读科幻小说,我想,嘿,也许可以把我写的东西称作科幻小说。于是我把故事寄给了《奇幻》(*Fantastic*)杂志的塞勒·拉里(Cele Lalli),她买了下来。从那时起,我就是科幻作家了。他们给我找了一个标签。我有了自己的鸽子笼。你必须有一个鸽子笼。你必须从一个鸽子笼做起。

吉尔伯特　你也没法把自己各分一半放在两个鸽子笼里吧!

勒古恩　嗯,一旦开始发表,你就可以了,是的。我是一个青年作家,一个科幻作家,现在我——嗯,《失去一切的人》和那些奥西尼亚故事等,都没贴"科幻"的标签。那我就是作家了。但显然,开始发表时你必须在一个框框里,给贴上标签。然后你才能跳出这个框框。

吉尔伯特　　在和其他科幻作家,比如和乔安娜·拉斯[1]的交谈中,我了解到,如果在创作生涯初期同时尝试两种路径,或者说,如果写的东西并不完全符合特定类别,你有时就会受挫。然后你自己就没法把你的科幻小说称为"科幻小说"了。

勒古恩　　是的,这确实是出版商的标签,也是书商的标签。这个标签很有用,我并不反感。我喜欢去书店把科幻小说都找出来。但在某种程度上——我不太给自己的作品贴这个标签,部分是因为人们使用它的方式各不相同。这是一个便利好用的标签,但其实意义不大,当然了,也没人能给它下适当的定义。"科幻小说和奇幻小说有什么区别?"(笑)

吉尔伯特　　哦,是啊。当然,还有一个好用的标签,"推想小说"。"Spec fic"。

勒古恩　　"Spec fic"。是的。(笑)比"sci-fi"("科幻")好多了。我不介意用"s-f",但"sci-fi",不知为什么会叫我反感。

吉尔伯特　　对于神话、民间传说和魔法,你显然乐在其中;我

---

[1] 乔安娜·拉斯(Joanna Russ,1937—2011),美国女性主义科幻作家、学者。代表作有科幻小说《雌性男人》《他们两个》等。已出中译本的知名作品是《如何抑止女性写作》。

最喜欢的一个例子，是《地海巫师》中法师格得的学徒时期，以及他艰困危险的法师生涯，还有你的短篇小说《解缚之言》（"The Word of Unbinding"）中，魔法师不断试图逃跑，试图把自己变成各种事物。顺便说一句，我认为在短篇小说《比帝国还要辽阔，还要缓慢》[1]中，你从书写刻板印象——大众期望之类的东西——中获得了许多复杂的乐趣。我注意到，你的许多作品——就像在 J. R. R. 托尔金、C. S. 刘易斯和一些最优秀的"奇幻"或"科幻"作家的作品中那样——有地球上的神话传说的痕迹。我尤其注意到，你笔下的某些人物并不情愿暴露他们的真实姓名，或者说"真名"。我想，他们表现出的这种不情愿就像加利福尼亚的印第安部族一样。

勒古恩　太多了。太多人了。

吉尔伯特　不透露真名，他们就不会失去身份，也不会将自己置于别人的控制下。我还注意到世界上其他地方文化的痕迹——魔术师、国王，以及像费斯廷（《解缚之言》）和格得这样的魔法师自我变幻的能力。

勒古恩　是的。这种民间信仰同样十分普遍。

---

[1] 本篇中文版收录于《寻获与失落》（理想国 / 河南文艺出版社，2022）一书。

吉尔伯特 当你产生一个小说构思时,作品中所有关于神话的想法,是否也会同时出现在你的脑海中?你是如何理清这一切的?

勒古恩 这涉及几个方面。其一,科幻小说允许小说家编制文化,去创造——不仅是一个新世界,而且是一种新文化。那么除了建筑和锅碗瓢盆之外,一种文化还包含什么呢?当然是想法,是思维方式,是传奇故事。文化是生息于人头脑中的万般事物。所以,如果你想创造出一个世界并给它添上众多人口,你还必须创造出一种文明和一种文化。此类事物,我的父亲喜欢去寻找,而我更喜欢去创造。我比他懒。当然了,神话和传说的来源是你自己的头脑,全幅图景都产生自你的头脑;但这更近似一个综合的过程,是你动用智力创造出一个看起来连贯的文化体系,可供你参引。托尔金自然是此类创造的大师。在他的书中,你会感受到存在着一部浩瀚的历史,存在着一个混合了传说、历史和神话的庞然体系,一经他参引,你尤其会觉得这些叙述是真实存在的。当然了,这些叙述大多是真实存在的,他去世前正在写的那本书,显然就包含了这一神话体系的大量内容。嗯,从某种意义上说,你必须让它看起来像真的一样,而它正来自你自己的无意识思绪,它正是你自己的神话传说——是你所汲取的神话和存在于我们所有人——如果荣格是对的——内

|||心的神话。我们共享它们。而你所借鉴的,是你自己、你个人的神话。

吉尔伯特 你记得或珍视其他文化中的某些神话,这或许意味着那些神话就是你个人的神话。

勒古恩 任何人都可能因听到一个故事,或读到一个神话,而触动自己的内心深处。你记得的那些神话,映射出你内心深处的事物,或许你无法用语言,而只能用神话把它表达出来。如果你是画家,你可以把它画出来;如果你是音乐家,你可以把它写进曲子里。但借由文字,你必须间接地表达。必须以故事的形式。

吉尔伯特 你一直是这样做的吗?

勒古恩 嗯,我越做越顺手了。(笑)是的,我想我是这样做的。

吉尔伯特 学起来难吗?这是一种复杂的艺术形式。

勒古恩 嗯,对我来说很自然就学会了。这显然是我从来想走的路线。

吉尔伯特 你是否曾觉得,你必须克制对某种特定文化的迷恋,或者曾觉得,某种特定文化对你的作品有过度的影响?

勒古恩 一种特定的、真实的、现存的地球文化?不,我不觉得。除非人受缚于文化。人的文化会支配人。虽然这说法似乎不太谦虚——但同样地，科幻小说和人类学确实有不少共通之处。文化人类学家必须察觉到并克制自己在文化方面的局限、偏执和成见——就算无法摆脱，也必须有所察觉——我认为，如果要创造所谓的别样的星球、别样的种族、异星的生物等，科幻作家就有责任具备这样的意识。其笔下的生物不能只是长着触须的盎格鲁-撒克逊白人新教徒。你确实需要有所反思——（带着）对自身偏见的某种自觉。尽管你无法摆脱自身的局限性——你无法取消自己的文化。

吉尔伯特　像许多诗人和作家一样，你对名称和字眼情有独钟，你用到的许多名称都颇富意味。对我来说，这些名称是《黑暗的左手》那强大魔力的一部分——卡亥德、埃尔亨朗、欧格瑞恩等。我怀疑你是由"俄勒冈"（Oregon）想出"欧格瑞恩"（Orgoreyn）的，是吗？

勒古恩　不，不是，它源自"食人魔"（ogres）。大家都以为源自"俄勒冈"。（笑）其实并不是。

吉尔伯特　你一定厌倦了这种猜想。

勒古恩　噢，我不怪别人。之前还真没听过你这说法。（停顿，思考）我想要那种隐约的威胁感——"欧格瑞恩"在我看来略具威胁感，念出来也相当好听。我用到的大部分名称都没什么意义。它们不是双关语，也不是变位词。它们只是纯粹的声音。我听起来感觉对了，那就是了。

吉尔伯特　双关语会让人分心，有时候。

勒古恩　是的。书就会变成一个谜题，而不是一部小说。

吉尔伯特　你会花很多时间整理、评估词语吗？评估名字，我是说？

勒古恩　对于主角，我必须这么做。这一整套起名的魔法在一定程度上就是我自己的映像，是我工作方式的映像。如果找不出角色的名字，我就没法写书。名字必须对路——我找到了名字，通常意味着故事也会清晰起来。这完全是个谜；我怎么都无法解释。

吉尔伯特　你是说，这大概是平行的过程？你在构思故事的同时，也在寻找名字？

勒古恩　就好像名字是一把钥匙。我知道那儿有一扇门，如果我想到了对的名字，那就意味着我能打开这扇门，走进去，在门的另一侧找到故事。但为什么会是这样，我也不知道。

吉尔伯特　然后，其他名字也开始出现？

勒古恩　是的，次要的名字总是——它们很好想。我可以在不伤及任何的情况下更改它们。但写《地海巫师》的时候,我很难找到格得的真名。在找到之前,我就写不下去。他必须失去自己孩提时的名字。写那部分花了——我列了整整一页纸的名字。

吉尔伯特　你经常列名字清单吗?

勒古恩　哦,是的。有时我觉得找到了——哦,对,就是它了——但不,感觉不对。(笑)然后,这个人物我就写不下去了。

吉尔伯特　你会换几个名字,各花几天时间试试?

勒古恩　是啊。是的。

吉尔伯特　你的书里,你有最喜欢的吗?也许这是个蹩脚的问题,就像问你的孩子里你有没有最喜欢的,但是,你有最喜欢的作品吗?

勒古恩　(笑)嗯,一般来说,当然会是我在写的这一部,所有作家都会这么说。我觉得在我成系列的书里,最好的可能是《地海巫师》。它从头推进到尾,清晰有力。在我单本的作品中,我最喜欢的可能是《失去一切的人》。我对它投入最多。或许正因如此,在我已经写成的书中,它也是缺陷最大的一本。

吉尔伯特　你是否真的认为,《失去一切的人》就像封面上描述的那样，是一个"模棱两可的乌托邦"？

勒古恩 这措辞是我建议的。我告诉出版商，把这个用作副书名。他们略感担忧，因为"模棱两可"是个大词。而且"乌托邦"对大多数人来说——呃——你知道的，是乏味的故事。道德故事。所以——有一家出版商用了这个措辞，有的没有。其中一家用在了护封上的推荐语里，或类似地方。我想，英国的出版商把它印成了副书名。我是这么说的：如果你们想用这个当副书名，那就用吧。是的，我的确认为这本书是一个模棱两可的乌托邦——在各种意义上都是。

吉尔伯特 我尤其喜欢《黑暗的左手》，它可以唤起许多生动的联想。我喜欢书里的名字，喜欢对冬星的描绘，以及结尾处穿越冰原时的危险感——政治的危险。当然还有——我相信你听过很多次了——创造这些雌雄同体生物的想象力和胆识。我非常喜欢。

勒古恩 这本书的写作令人激动。算是我的突破；写前三部科幻小说时，我没有这么多次停笔、这么深度投入；在某种程度上，我认为经过《黑暗的左手》，我找到了自己的节奏。我非常兴奋地意识到，可以写进科幻小说的东西有这么多，我由此也可以写出真正的小说来。科幻这种形式确实适合写小说，而不仅仅是冒险故事。这真让我高兴。对冬星的描写很轻松，因为我迷恋南极，长期沉迷于阅读斯科特上校的手记和日志。

吉尔伯特　　你去过类似气候的国家吗？

勒古恩　　没有！我说过，十七岁之前我都没离开过伯克利，在去东部之前，我也没见过雪。所以我才这么喜欢冬星吧。（轻笑）雌雄同体的部分很难写，因为写作时是1967年，就像我在别处说过的，当时女权运动刚开始，刚起步。一些重要的书——关于女权主义的现代作品——都在同时期写成，这显然也是我要走的路。我不是理论家，也不是活动家，但是——（停顿，思考）——我想弄清男女间的差异到底是什么，所以我采用了这种略带实验性的设定：其中的人，同时是男人和女人。

吉尔伯特　　分出新角色来。

勒古恩　　是的，弄清楚男人-女人或女人-男人会是什么样子。这很有趣，但也很困难，我必须做很多功课，研究性别角色、生理学，研究各种事物，确实有趣。我读了一些早期女权主义的读物，之前我从没读过。

吉尔伯特　　你是说像玛丽·沃斯通克拉夫特[1]这样的人？

---

[1] 玛丽·沃斯通克拉夫特（Mary Wollstonecraft，1759—1797），英国启蒙时代著名的女性政论家、哲学家、作家与思想家，西方女权主义思想先驱。代表作有《为女权辩护》《女子教育》等。

勒古恩　　是的,还有玛格丽特·米德[1]、阿什利·蒙塔古[2]等。这些书出现在我们当代的女权主义图书浪潮之前。所以对我来说颇有教益。

吉尔伯特　构思《黑暗的左手》中雌雄同体人物的心理特征,你花了很长时间吗?

勒古恩　　花了很长时间。为了写那本书,我不得不先用大概六个月时间,来规划人物、地理、文化等种种设定。在坐下来写书之前,那可是很长一段时间。

吉尔伯特　那你会做笔记?

勒古恩　　是的,为了写那本书,我真的准备了一个笔记本,上面全是地图、历史和各种各样没写进书里的边角料——或者也算写进了书里,因为我心里知道——你看,不管有没有写进书里,你都得在心里知道上一位国王在位多久,以及诸如此类的事。

吉尔伯特　是的,我知道你一定是这样工作的。读你的书或托尔金的书时,一个人会觉得自己周围存在着一种整体的氛围、一部全面的历史。这也是地海系列——

---

[1] 玛格丽特·米德（Margaret Mead, 1901—1978）,美国人类学家,美国现代人类学形成过程中最重要的学者之一。代表作有《萨摩亚人的成年》等。
[2] 阿什利·蒙塔古（Ashley Montagu, 1905—1999）,英裔美国人类学家、人文学者,有犹太血统,他普及了血统和性别的概念,以及它们对政治和社会发展的影响。

	包括书中的群岛地图等——以及《黑暗的左手》和《失去一切的人》的魅力所在。你被各种各样的事物环绕，这些事物的环绕会持续一生；你身处一个彻底别样却全须全尾的世界。至少看起来是这样。
勒古恩	是的。我认为，对作者也对读者而言，对并不存在的现实生出一种全然虚幻的感知，是一种实实在在的满足。这本书的另一个奇特之处在于——你知道书中收录的那些神话吗，那些本土神话传说的零碎章节？
吉尔伯特	有些非常动人。
勒古恩	起初，我并不想把它们写进书里。在写书的过程中，我在写人物心理时会遇到障碍，我会想，好吧，此刻西勒姆（即伊斯特拉凡，主角）对事情的真实感受是什么？然后我就卡住了。于是这些神话中的一个就跳出来，写出自己，为我解释了一些事情，这明显是在无意识层面上发生的。后来，我把大部分神话都插进了书里；我最终确信，如果它们对我有帮助，那对读者也会有帮助。
吉尔伯特	读者对这些神话反响具体如何？
勒古恩	任何对奇幻有浓厚兴趣的小说读者或科幻读者，都尤其会喜欢书里的这个元素，因为这正是这本书关涉神话和幻想的部分。所以这类读者尤其会喜欢。我想，

其他一些人则会疑惑书里的那些内容有什么用。

吉尔伯特　是的，我想知道是否有人这样评价："我特别喜欢那个讲冰上小屋里两个年轻人的神话"，或者"你为什么中断故事，给我们讲起这些事情"？

勒古恩　反响大体不错。人们似乎大多喜欢这些神话故事；如果不喜欢，他们也会保持礼貌，不跟我讲。

吉尔伯特　我可得告诉你，冰上两个小王子的神话尤其叫我感动。有一个恐怖而美丽的传说，说的是一个人在暴风雪中遇到了他哥哥的鬼魂；还有一个传说，说的是冰上的一对恋人。

勒古恩　这或许是书的核心。毕竟，这本书正是对这个传说的重述。

吉尔伯特　是的。在书的结尾，那段漫长而危险的冰上旅程非常迷人。你看到古老的传说再次上演，仿佛在冬星文化和卡亥德人之中发生了一次巨大的轮回。

勒古恩　是的，写那一段真是乐趣良多。

吉尔伯特　你以前想到过雌雄同体的生物吗？这个想法是怎么产生的？

勒古恩　是在构思我想要的文化时产生的——这本书最初的想法是，我想要一个星球，上面有很多文化、很多文明，历史悠久，从未发生过大规模战争。最初其实就是这样，而雌雄同体一开始是次要的。当我想到他们是雌雄同体时，雌雄同体不过是很次要的元素。我写过一个关于冬星的短篇小说《冬之王》（"Winter's King"），那时我还不知道他们是雌雄同体的。

吉尔伯特　我读过那个短篇小说的最新版本。

勒古恩　是的，现在我了解了既是雌雄同体，那就可以把人称代词改成女性的了。

吉尔伯特　这方面我正想问你。我读这个短篇小说是在读过《黑暗的左手》之后，读《左手》时，这些生动有力的人物叫我深感震撼，我不知道小说家可以把雌雄同体写得如此令人信服，我被迷住了。然后我读了这个短篇小说，你在其中使用女性代词来指代人物。正合我心意。我也对用男性代词产生过疑惑，而后我也和你一样认为，除了生造人称代词，别无他法。

勒古恩　我认为在短篇小说中这么做可以接受，显然也不会困扰到某些人；但在长篇小说，而且是一部严肃的小说中，我就是觉得，试图就女权主义问题表达观点——我也表达了——会让普通读者抓狂。我真这么觉得。而且我认为，这么做会削弱书本身。会削弱语言。你必须使用现成的语言。感谢上帝，现成的是英语。但很遗憾，我们没有通用代词。这可区别大了。我们被这个"他"（he）困住了。幸好有"某人"（one）。你可以大量使用"他们"（they）——我不介意"他们"，我不在乎英语老师的说法。我认为用"他们"来代替"他"或"她"，是个不错的办法——但没法一直用"他们"。

吉尔伯特　你能谈谈你觉得你的作品现在的发展趋势吗？

勒古恩　我也不知道。我最近的一本书是《离任何他方路途漫长》（*A Very Long Way from Anywhere Else*），或者叫《离任何他方路途遥远》（*Very Far Away from Anywhere Else*）。书名出了点儿小岔子。

吉尔伯特　哪个才是真正的书名？

勒古恩　书名本来应该是《离任何他方路途漫长》，只是我和雅典娜神殿出版社没说清楚。这根本不怪他们，是我的错。我给他们寄去了一个初拟的书名，却未曾察觉……所以在英国是"路途漫长"，在美国是"路途遥远"，但都是同一本书。我想，这只是一个给青少年写的故事——没有奇幻，也毫无科幻元素。就是个很短的——嗯，可以说是爱情故事。故事讲的是一个聪明的高中男生，这并不是很时髦的描写对象。但高中时要想聪明，可真是非常困难。故事也讲了一个想成为作曲家的高中女生。他们发现了彼此——你知道，在高中的一个时期，你会遇到另一个和你一样的人。但后来出了问题，他们必须理顺他们的关系。这就是故事的全部。篇幅很短。我想你可以直接称它为现实主义。所以，我本来没想到会有这本书，也没打算写这样的作品，并没有出版商特别要求我写这样的作品。它就这么写出来了。我很喜欢。我觉得写得相当不错。但接下来会发生什么，天知道。

吉尔伯特　你喜欢这种感觉吗？

勒古恩　是的。喜欢。我不能应别人要求写作。在把完成的手稿寄给出版商之前，我没法和对方签协议。我可以应要求写散文之类的文章；大学时我学过怎么写学期论文。但写小说——我做不到。我只能静观其变。

吉尔伯特　你从没试过应要求写吗？

勒古恩　嗯，没有。我曾强迫自己写。只因为我没在写，而是时候写点儿什么了。结果却是一场灾难。必须自行发生。我想，我们中的一些人只能受制于无意识。你当然可以施加控制，你当然也会养成工作习惯，你会知道有一个水龙头是可以打开的；倘若你已然动笔，你就可以坐在书桌前写作了。如果开初的天赋已给了你，那么你的工作就是写作，作为工作，就需要纪律之类的。但对我来说，开初本身就是一种天赋，并非我可以自行制造的事物。我希望我能自行制造。那就再好不过了。

吉尔伯特　你在家工作吗？有固定的日程表吗？

勒古恩　哦，是的。我见过一个职业作家，他的时间表并不固定，那就是哈兰·埃里森，因为哈兰可以随时随地在任何环境中写作。你知道，在商店橱窗里，在盛大的新年聚会上——哈兰不需要日程表，因为他精力如此充沛。他也十分自由。任何有常规工作或类似事务的人都得有日程表。孩子们小的时候，我晚上工作。他们还是小婴儿时，他们睡觉后我开始工作。他们开始上学后，我在他们上学期间工作。所以工作时间是从早九点到下午一点，或者从早九点到中午十二点。

吉尔伯特　你是否觉得，既要当作家，又要履行对家庭的义务，这很难？你是否觉得很难同时全心投入养育孩子和写作两件事？

勒古恩　是的。有些时候，比如当我读到安东尼娅·弗雷泽夫人[1]的作品时，她的大部头作品、她的五个孩子

---

[1] 安东尼娅·弗雷泽夫人（Lady Antonia Fraser，1932— ），英国历史、传记和侦探小说作家。她是2005年诺贝尔文学奖获得者哈罗德·品特的遗孀。

和十五个女佣之类的事,都会让我感到深深的、恶毒的嫉妒。或者,当我听说某个男人辞去了带薪工作,"全心全意投入写作"时我就会变得刻薄。我想,哦,伙计。从事带薪工作的同时,我在写作;辞去工作,我还有一份全职工作——孩子和房子,同时我仍然在写作。谁在替你做你的工作,全职作家先生?是全职作家夫人?那她的小说呢?但正如我说的,这些念头都是刻薄的。事实上,我嫁给了一个二十四年来一直毫无怨言分担工作的男人:孩子、房子,所有拉拉杂杂的事务。两个人能做三份全职工作——教学、写作和照料家庭。时间紧迫时我会承认,在我看来这种各自分担的安排,比十五个保姆或雇用什么帮手要好,尽管也累得多。如果我是"自由的",就像许多男性作家那样自由,我会变得很穷。为什么仅仅因为我写书,我所有的时间就都应该属于我自己?人是要承担责任的,其中包括对日常生活的责任、对人类共同事务的责任。我是指打扫卫生、做饭,所有一生中必须反复完成的工作,还有学校音乐会和不可能完成的几何作业,等等。责任就是特权。如果你把这些工作委托给别人,你就逃避了你写作的真正源头,而写作的源头究竟是生活,不是吗?正是生活,人们生活、工作,好好过日子。

好吧,不管怎么说,你让其他人去学校或大学忙自己的工作，你关上门，隔开脏兮兮的厨房，坐在书桌前做一会儿你的工作。或者就只是坐着发发呆，希望自己是在写作。很多时候，写作似乎就是坐着发呆。

吉尔伯特　构思些什么。

勒古恩　想想事情；想着抑止一些糟糕的念头——

吉尔伯特　翻看笔记本？

勒古恩　翻看笔记本——没错。如果没什么更好的事可做，就写日记。（笑，点燃她的烟斗）

吉尔伯特　你对科幻小说的前景有什么深刻的感触吗？

勒古恩　我现在有些担心。几年前，我们都很兴奋。以为我们真的要起飞了，飞去本来一直该去的地方。我认为现在，我们陷入了犹豫。当下在写作的作家里，有一些很了不起，其中有人很受欢迎，另外有人并非如此——比如菲利普·迪克、斯坦尼斯瓦夫·莱姆、英国的 D. G. 康普顿（D. G. Compton）；有绝对高水平的写作出现，和其他写作类型中的高水平作品一样好。但在我看来，越来越多的低劣作品也被写了出来。这让我有些担心。我想，低劣的作品也许会逐渐减少。似乎有相当数量的年轻作家还在机械地复制那些老掉牙的鬼话，他们退回过去，使用二十世纪三四十年代的陈旧套路，我们几年前就认为已经过时的套路。这类东西有很大的市场，需求总会得到供应。但我有些沮丧。你看，这么多出版商真的宁愿接收低劣的作品。

吉尔伯特　他们认为这有很大的市场？

勒古恩　显然有。是的，很畅销。我认为好作品有更大的市场。一开始可能销售平淡。在兼售图书的杂货店里，不会卖得太好。看看菲利普·迪克的书。菲利普·迪克从没得到过媒体关注，从没被真正赏识过，在圈子里很少，在圈子外也没有。但他的书都再版了，因为它们都是好书，都是一流的小说。无论以什么标准衡量，其中至少有六七本是绝对一流的小说，它们都将持续印行。他是长销不衰的——而科幻作品出版商，尤其是平装书出版商，不习惯从长销的角度思考问题。他们从用后即弃的角度思考问题。这是我们需要改变的地方。现在高中和大学教育都会用到科幻小说，这意味着书会年复一年地销售，因为老师们会用到。说到要让书持续印行，他们甚至还没意识到这一点。他们才刚开始有所察觉。

吉尔伯特　菲利普·迪克的书，还有你的书，都在用。各地的课程都会用到它们。

| 勒古恩 | 当然。教这些作品会很有乐趣。在高中，这是让孩子们读书的一种办法。在大学，他们喜欢把书用于心理学和社会学课程，因为这些作品能很好地说明老师想要表达的观点。所以它们相当实用。我觉得他们把作品用到这些地方很可爱。我认为这绝无害处，我认为是的。（笑）|

我在书中不断尝试用这样那样的隐喻和手段，给"梦境的时间"和"清醒的时间"重建联系，想说明两者间必然是彼此依存的。

"THERE IS MORE THAN ONE WAY TO SEE"
"看的方式不止一种"

采访者
乔治·威克斯
路易丝·韦斯特林

《西北评论》（*Northwest Review*）
第 20 卷第 2/3 期，1982 年

拉吉·留波夫是厄休拉·勒古恩小说中的一个典型人物，这位人类学家的任务是就另一个星球上的高等智慧生命形式（HILFs）撰写报告。在这一背景下，这个星球上居住着一个和平的种族，三英尺高的毛茸茸的人类，他们与覆盖他们世界的茂密森林和谐相处。地球人类来到这个星球伐木，其领导者是一个军人作风的强壮男子，他认为这些"瞑嗤"[1]是次于人类的，便残酷地对待他们。勒古恩解释说，她写《小绿人》[2]（她起的标题）是为了抗议越南战争，在这场战争中，风景被砍削，不同种族的非战斗人员被以和平与人道的名义无情屠杀。这部小说的特点，是她让科幻小说从属于她的自由人道主义，从属于她对自然世界的关注，而人类只是自然世界的一部分。

伯克利伟大的人类学家阿尔弗雷德·克罗伯和他的妻子西奥多拉·克罗伯的女儿天生就有人类学的天赋。西奥多拉是一位作家，以书写伊希这位其所属印第安部落最后一位幸存者的传记而闻名。厄休拉·勒古恩很容易就开始了写作，但直到把才华倾注于科幻和奇幻，她才获得成功。而后她接连出版了三部小说，小说发生的宇

---

1 原文为 creechie，是 creature（生物）的派生词。是地球人类对小绿人的蔑称。
2 "小绿人"是小说最初的篇名，正式出版时定名为《世界的词语是森林》。

宙[1]，她在后来的作品中[2]才真正开始探索，"地海三部曲"的第一卷介绍的则是另一个世界，一个充满巫师、龙和传说的古老世界。自1966年以来，勒古恩出版了十多部小说，获得了一些最负盛名的文学奖。她最受欢迎的小说是《黑暗的左手》和《失去一切的人》。

采访在波特兰的勒古恩家中进行，这栋古老而舒适的木房子坐落于森林公园的边缘。对于创造出艾斯珊森林世界的作者来说，这个社区似乎是一个相当得宜的环境。把自己的短篇小说结集为《风的十二方位》出版的过程中，她发现她的写作"对树有某种痴迷"，并得出结论，说自己是"最树木系的科幻作家"。她在采访中谈到了一些与"恋树癖"相关的话题。

威克斯　你是什么时候第一次意识到自己要成为一名作家的？
勒古恩　我不知道。我可能把这当成了既定事实。

威克斯　从婴儿期开始？
勒古恩　是的。显然在我学会写字的时候。

威克斯　你认为是什么促使人们写小说的？
勒古恩　他们想讲故事。

---

[1] 指爱库曼宇宙。勒古恩在1966—1967两年间快速出版了三部长篇小说，包括《罗坎农的世界》(*Rocannon's World*)、《放逐之地》(*Planet of Exile*)、《幻象之城》(*City of Illusions*)，后都被归入爱库曼宇宙。
[2] 指《黑暗的左手》《失去一切的人》等更具代表性的爱库曼宇宙系列作品。

威克斯	你的小说不仅仅是故事。
勒古恩	但我认为最基本的冲动可能就是讲故事。我也不太清楚为什么会这样。
韦斯特林	你小时候写过很多故事吗？
勒古恩	写过一些。我写了很多诗。它们总会集体消失。大概八九岁时，我开始写故事，那时我拥有了一台旧的打字机。不知为何，打字机让我更想写散文体——尽管我现在不用打字机写作了。
韦斯特林	你小时候最喜欢什么类型的书？
勒古恩	我在一个满室书籍的教授家里长大。小时候我最喜欢的当然是虚构或叙事类作品，如长篇小说、神话传说等。但小时候我也读过很多科普读物。总之，就和我现在读的差不多。
威克斯	如果让你列一个清单，收录对你来说最重要的书，不仅关乎你的作家身份，也关乎你的日常思考，你会选哪六本书？
勒古恩	我试着列过，但最后总会没完没了。这事实在无聊，因为我读了一辈子书，什么都读。我受到了太多的影响，以至于每提到一个名字，我就会想："哦，但提起这个，不能不说到那个。"我认为有一些绕不开的重要人物，但我真的不想说出任何一

个，或者六个，或者二十个。不过可以粗略地说，十九世纪的英国小说家和二十世纪的俄罗斯小说家对我的成长有深远的影响。这就是我在一开始时热爱、钦佩和模仿的方向。但后来我也读了各种无用的东西。我的大学功课是法国和意大利文学。我从来都不怎么喜欢法国小说家。我可以告诉你我不喜欢什么。我不怎么喜欢"伟大的传统"，不喜欢我在大学时本该喜欢的詹姆斯或康拉德这类风格。我自觉抵触这类风格。我认为福楼拜对小说写作者来说，是糟糕的模仿对象。

威克斯　　司汤达呢？

勒古恩　　司汤达是一位优秀的小说家，但我认为他的局限性是灾难级的。我觉得你选巴尔扎克会更好。如果你要模仿法国人。

韦斯特林　普鲁斯特？

勒古恩　　你没法模仿普鲁斯特。比如就现代写作而言，纳博科夫对我来说毫无意义。我欣赏不了他。我看到了某种谱系，我只是不想依循，且对其毫无共感。

威克斯　　谈谈哲学作品怎么样，比如一些东方思想家的作品，或者梭罗的？

勒古恩　　你会发现梭罗经常沉浸在诗歌和小说中，但我不是很了解他。你得是新英格兰人,才能真正读懂梭罗。还是来谈谈发生在我家那栋房子里的事。我父亲最喜欢的书是《老子》,我小时候经常看到他手里拿着这本书,就产生了兴趣。当然,它对孩子来说很好懂,篇幅短,有点儿像诗歌,看着很简单。所以我在小时候就对这本书有所了解,显然也从中找到了我想要的东西,它深深地印在了我的脑海中。我不时也想深入研究一下东方的思想。但我不是哲学那块料。

韦斯特林　你说过,你现在会把自己的一些观点和荣格联系起来,但在读荣格之前,你可能就已经有了这些想法。

勒古恩　我父亲是一个弗洛伊德学说的信徒——他是非专业的精神分析师——所以"荣格"这个词在我们家等同于一句脏话。"地海三部曲"出版后,人们总是跟我讲:"哦,这太棒了,你用到了荣格的阴影。"我会说:"这不是荣格的阴影,这是我的阴影。"不过我意识到,我必须读一读他的书,然后我就入迷了。再然后,在我生命中一个分外困难的时刻,他作为一个萨满或向导,给了我极大的帮助。现在我并不想读荣格;就像大多数心理学家一样,你必须需要他时才能读。但令我惊讶的是,他的想象和我的想象,或者说他的观察和我的想象,在某些层面竟如此相似。

韦斯特林	部分可能是因为你对神话的痴迷,因为他自我沉浸在神话中,由此展开思考。
勒古恩	我对神话并无痴迷,但我有孩子般的好奇心,而各处都流传着印第安人的传说。父亲给我们讲了他从研究合作方那里了解到的故事,母亲也很感兴趣。我读的书大多是儿童版,但又有什么区别呢?故事还是那些故事。
韦斯特林	是的,版本并不重要,模式才是最重要的。
威克斯	你的书是怎么构思的?是有一个特定的过程,还是每次都不一样?
勒古恩	每本书都不一样。其中一些的构思很简单,过程我也可以描述,但换了另一本,情况就完全不同了。《黑暗的左手》最顺利,因为它以幻象的形式呈现了一个场景:两个人在白雪覆盖的茫茫荒野上拖拽着什么东西。我知道场景中蕴含着一部小说。正如安格斯·威尔逊[1]描述的,他的书就是这样来的:在一片风景中,有几个人。但其中一些的构思并不轻松。《失去一切的人》源自一个蹩脚透顶的短篇小说,那是我写过的最可怕的东西之一。真是的,写

---

[1] 安格斯·威尔逊(Angus Wilson,1913—1991),英国小说家、文学评论家,大英帝国勋章(CBE)获得者,后获封为爵士。曾任英国皇家文学学会主席。代表作有《艾略特夫人的中年》等。

的都是战俘营啊什么的，里面的一切都是颠倒过来的，一个畸形怪异的小故事。然后我想："你知道，你写了这么多年还能写出这么烂的东西，真是可怕；这里面总还有些能用的吧。"果不其然，经过两年的工作，读了各种乌托邦主义者和无政府主义者的作品，思考良多之后，我发现真的有。这前期准备真是花足了功夫。但可以肯定的是，这个构思一直存在，我只是没悟出来。是的，我为这个构思倾尽了全力。在写《黑暗的左手》时，我也必须极尽谨慎地规划世界，粗略地写出它的历史，然后才能写成一部足够扎实的小说。

威克斯　在我看来，你的写作中也有很多与地理相关的内容。

勒古恩　我喜欢地理和地质。树木之外，你可能会注意到的就是石头了。

威克斯　是的，还有地景、天气、气候——这些方面你着笔很多。

勒古恩　这也是我喜欢托尔金的原因之一——他总能告诉你天气的情况。你会很清楚地知道北方在哪儿，知道你在怎样的地理景观中，等等。我非常喜欢。这也是我喜欢哈代的原因。你同样会时时知道天气的情况。

韦斯特林　你说你喜欢树，也喜欢石头，这体现出一种对立，我在你的小说中感受到了，即茂密的森林世界和人们挣扎于其中的荒凉地带间的对立。我不知道你本人是否就是一个"瞹嗤"，而受制于想做拓荒者的冲动。

勒古恩 你知道，十六七岁头一回读到（极地探险家罗伯特·法尔肯·）斯科特的作品后，我就疯狂地迷上了南极。我相信《黑暗的左手》中所有的雪橇旅行都是准确无误的。这对我来说非常重要：我没有因为设置了过量的牵引力而让雪橇走得太远。

韦斯特林 这是这本书的核心，也是书中呈现得最完整的部分。

勒古恩 当然，那正是书的源头。也是我的南极梦，在梦中，多年来我跟随斯科特和（爱德华·）威尔逊做着折磨人的旅行。每隔一阵子，我就回到南极，纵乐几日。我在《纽约客》上发表了一个短篇小说，讲的是第一批到达南极洲的女性。事实上，是她们先到的南极。但她们没留下任何标记。

威克斯 你是说她们比其他人都先到？

勒古恩 她们比阿蒙森早到了一小会儿。一小群南美洲女性。我觉得我这辈子写得最享受的，就是这个故事（《南方》，"Sur"）。

威克斯 这又引出了另一件事。你在小说中写了这么多旅

	途,人们时常四处旅行。这是领略你书中地理景观的绝佳途径,而旅途往往也会成为情节的一部分。我们出门远行,不一定总会遇上磨难或有所寻求,但我们总会踏上旅途。
勒古恩	你刚才提到了一个非常重要的点。事实上,设计情节非我所长,所以我只是让人物动起来,走一个圆圈,最后通常会回到出发的地方。这就是勒古恩的情节套路。
韦斯特林	好吧,是谁说的——你就一直往前走,然后停步?
勒古恩	我很欣赏真正的情节设计,有很多线索和真正的悬念。但我好像做不到。
韦斯特林	女权主义者因为"走圆圈"夸过你吗?她们应该夸夸你。这是女性化的,正如东方文化是女性化的,因为它强调圆融。
勒古恩	但复杂性肯定既不是男性也不是女性的,我认为我的故事路径非常简单。我说的不是悬疑小说,我说的更像是狄更斯的做法,即把线索拉到一起,编织一通——我并不擅长编织。我只是埋头向前冲。或者玩一玩诡计,采用"之"字形路径。
威克斯	你在俄勒冈州生活多久了?
勒古恩	从1959年到现在。

威克斯　　你认为俄勒冈州对你的创作有影响吗?
勒古恩　　当然有。这是我生活过最长时间的地方。

威克斯　　是俄勒冈让你成了"恋树癖",还是说你原本就是?
勒古恩　　我肯定原本就是了,只是后来才察觉到。直到翻阅那本我要作序的短篇小说集时,我才突然意识到:"天哪,这里面密密匝匝的都是树。"我想,生活在森林边缘对我有一定的影响。我们已成功种出了一片树林,但并非有意栽植。孩子们不让我们砍掉一草一木:"哦,多可爱的小树苗啊!"所以,我们现在有了一座高耸的花园。我在北加州长大,那时每年夏天,我都住在纳帕谷山麓的森林里,经常出门去林间玩耍。

韦斯特林　你以前是个假小子?
勒古恩　　我有三个哥哥,所以我跟在他们身后四处跑。我胆子不大,也不会爬树——我一直很害怕爬树之类的事——就勇敢无畏这点来说,我算不上假小子,但我的父母并不区别对待男孩和女孩,所以我可以在林间自由行动。

威克斯　　你对大自然的感受,是否与你对文明,或更确切地说,与你对技术的感受有关?你怎么看技术——支持还是反对?

勒古恩　哦，支持。我不知道，这个问题太大了，回答什么，听起来都会像一片幸运饼干[1]，但没有技术，就没有文明，任何文明。如果你想要一件工具来做什么事，你就得想出如何制造工具，如何把它造到最好。我十分喜欢生活的这些面向。我对器具和人工制品，对实操、制造和物件非常感兴趣。因此从最简单的意义上说，我喜欢技术。我喜欢好用的工具或制作精良的器具。

威克斯　是这样，但工艺和技术是有区别的。

勒古恩　嗯，工艺就是好的技术。如果你说的是西方工业的过度发展，那么很明显是我们过于看重一些东西了。但若说我反对技术，那就意味着我是勒德分子[2]，而我厌恶、憎恨、害怕勒德分子。那些以为没有现在掌握的事物我们也能过得很好的人，是在自欺欺人。没了这一堆技术，我在森林里可待不了几天。此外，我喜欢房子和城市。

威克斯　但在我看来，你的理想状态就是你在《幻象之城》中描述的那样，比方说，在森林中有一栋舒适的梅

---

[1] 美国的中餐馆在结账时，经常给客人一些幸运饼干，里面包有类似箴言的字条，通常祝人好运。

[2] 19世纪英国民间对抗工业革命、反对纺织工业化的社会运动者。后引申为反机械化、反自动化的人。

	贝克设计的老房子[1]，因为配有现代化的便利设施，不需要人打理，其间的生活就相当简单了。
勒古恩	不，不，完全不是那样。那根本行不通。所以他必须离开那儿。描述这部分很有趣，给它装上太阳能电池和其他设备，这样他们就拥有了低等但讨喜的梦幻技术，不过，我是个喜欢城市的人。
威克斯	听你这么说我很惊讶，因为我觉得在你的小说里，城市并不是好地方。《幻象之城》中的城市是个令人不快的地方，《失去一切的人》里，乌拉斯的城市美丽而奢华，但最终也还是令人作呕的。
勒古恩	但书中的另一座城市呢，阿纳瑞斯的？那是保罗·古德曼[2]式的城市。
韦斯特林	因为政治方面的故意纵容，那儿也潜伏着危险。
勒古恩	对人类来说，城市是各路危险汇集的地方，是各种事情发生在人类身上的地方。我说的"城市"主要用作隐喻。城市是文化汇聚和繁盛的地方。一个印第安人村庄，也是一座城市。

---

[1] 勒古恩在北伯克利的家宅，是由著名设计师伯纳德·梅贝克设计的。

[2] 保罗·古德曼（Paul Goodman，1911—1972），美国作家、公共知识分子，因其乌托邦提案和对人类潜力的原则性信念而被人铭记。其作品的共同主题是，个体公民在更大的社会中的义务，以及行使自主权、创造性行动和实现个体人性的责任。

韦斯特林　　不过，你许多故事中田园牧歌的场景，似乎都发生在城市之外。这就是田园生活的难题。人们需要逃离腐败的城市生活，在理想化的自然环境中寻求新生，但又不得不再回去。

勒古恩　　是的，人们总是来回奔波。但在我的小说里，他们最终要去的地方正是城市，他们在那里展开工作和生活。就像《起始之地》(*The Beginning Place*)的结尾——当然比起《幻象之城》，我对《起始之地》的印象更新鲜。要我说，《幻象之城》这本书并不适合拿来谈论；它是我最不喜欢的一本书，肯定也是包含了最多明显而愚蠢的错误和漏洞的一本。

威克斯　　不过，你仍然常常把现代城市和自然世界对立起来，我的印象是，你的小说对技术兴趣寥寥。我所说的技术，是指硬件和小机件。你对科幻小说的这一方面似乎兴趣不大，虽然有赖太空旅行的便利，你得以访问这种种奇妙的异世界，但你对这些精巧装置的运作原理并无兴趣。

勒古恩　　毫无兴趣。因为我不相信。如果你问我，我相不相信在任何可预见的未来，我们会进行速度足以飞出太阳系的太空航行，我会说不。我们还没有什么途径达成这样的技术。所以这一切都是一个隐喻，你多番尝试，就是为了让它看起来更真实，因为这正是小说的乐趣所在。我还设了一些限制，比如他们不能超越光速。我喜欢这部分，我喜欢摆弄理论和我能理解的科学知识，当然这些知识相当有限。不过，工程学领域超过了我的界线。我喜欢且爱护我的洗衣机，但我并不渴望知道它的内部构造。

韦斯特林 你是如何绘制出像《马拉夫雷纳》(*Malafrena*) 一书中的幻想世界的？

勒古恩 你当然得先有地图。你必须知道从一处到另一处有多远，不然你脑子里就会乱作一团。所有小说家不是都会画地图吗？简·奥斯丁在需要时画过，勃朗特姐妹也画过。

韦斯特林 但当乔伊斯给都柏林写信回去，要别人测算从一处走到另一处所需的时间，确定布鲁姆能否跳过栏杆时，他是不是过于刻板了？

勒古恩 嗯，刻板是当然。对于这些事情，小说家必须确实地、愚鲁地做到刻板。

威克斯 但这与你在《马拉夫雷纳》中虚构出一个国家是截然不同的。

勒古恩 无论是真实的还是虚构的都柏林，它都必须是确切的。无论是现实存在中人可以走过其间的，还是虚构出来供人们神游其中的，它都必须是绝对可信的。

韦斯特林 为创作《天钧》做准备时,你有没有在波特兰市中心转转,看看多层停车场与其他地点的相对位置?

勒古恩 我查看了一些东西,因为我记性不好。我在这方面有意设置了一些"障眼法"。比如,我给你描述了乔治住的房子,但现实中它并不在我说的那条街上,而在下一条街上。戴夫熟食店也根本不在安肯尼街上。他们搬店的时候,我慌张极了。我想,如果他们把店搬去安肯尼街,我就离开这城市。

威克斯 为什么选择波特兰作为故事背景,而不是想象中的某个地方?

勒古恩 哦,那个故事不适合设置在一个想象中的地方。它写的是当下的美国。离我们很近,真的很近。

威克斯 这是你对未来二十年的预想吗?

勒古恩 这本书是一个梦,一个噩梦。如果我预见到会发生什么,我肯定无力表达出来。我不明白为什么要这么做。我看不出我拥有这样的权利。我不是先知。我不做预言。我当然希望我是错的。

威克斯 你对过去更感兴趣,还是对未来更感兴趣?你的小说两个方向都写。

勒古恩 对我来说,都混在一起。两者缺一不可。这是一个戈耳狄俄斯之结[1]，我并不想解开。显然，没有过去就没有未来，没有未来也就没有过去。我对这整件事十分着迷。

韦斯特林 那么，在某种程度上，现实时间并不重要，因为你所做的是建立隐喻，在隐喻中探讨问题。是这样吗？

勒古恩 是的。我认为，要说谈论时间的方式，对我来说最有意义、也让我在工作中获得最多乐趣的，就是把当下流行的说法，即"清醒的时间"和"梦境的时间"联系起来。时间有两个面向，我们清醒地生活在其中一个里；但西方文明却宣称，真正的时间只有一个，就是清醒的时间。这种观念我多少是有意识拒斥的，我在书中不断尝试用这样那样的隐喻和手段，给"梦境的时间"和"清醒的时间"重建联系，想说明两者间必然是彼此依存的。

韦斯特林 那么，你认为作家也是做梦的人？

勒古恩 任何一个艺术家都来回穿梭于两个时间之间，试图让一个与另一个对话，就像一个笔译者或口译员。

---

[1] 传说中亚历山大大帝在弗里吉亚时砍断的一个绳结。该典故通常用来隐喻使用非常规方法解决无解的难题。

威克斯	在你的小说中，不断出现的最有趣的元素之一，就是"神交"和心灵感应。你相信"超感觉力"之类的东西吗？
勒古恩	我可要给出一个不可知论的回答了。我当然从没体验过。但就我写故事的需要来说，这是一个非常好用的隐喻。我不确定它具体隐喻了什么。我读过一些评论家的文章，他们对我想表达什么有些见解，但我不置可否，因为我真的不知道自己在胡言乱语些什么。我只知道在一些故事里我需要它。
威克斯	我觉得效果很好。
勒古恩	这当然是谈论双重视角的另一种方式。看的方式不止一种，说的方式不止一种，现实的面向也不止一个。
韦斯特林	这也是一种显示冰面上两位旅行者之间亲密关系的方式。
勒古恩	当然，这是一个可爱的情感隐喻。你就此可以无限发挥。这就是科幻小说的魅力所在。因为有了科幻，你就可以说："好吧，心灵感应这种东西是存在的，你可以把它当作一种技术来学习。"然后，你就可以用小说的形式来表现它了。这就是我喜欢写科幻小说的原因。
韦斯特林	你曾经在像阿纳瑞斯那样荒凉的地方生活过吗？

勒古恩　　没有，尽管我曾坐火车穿越沙漠，但我从没真的在沙漠中生活过。直到几年前，我们去了（俄勒冈州东部的）弗伦奇格伦镇，在那儿过了一夜。那次俄勒冈沙漠之行，促使我写出了一整本《地海古墓》。我现在对沙漠可相当着迷。我的父母都喜欢高原沙漠；他们喜欢西南部，一有机会就去。

韦斯特林　你新近在《纽约客》上发表的短篇小说，让我想到另一个问题，我相信别人已经问过无数次了，但我还是想再问你一次。为什么你笔下的主角大多是男性？

勒古恩　　我不知道。是的，肯定有人问过，我每每尝试回答，但总还是答不上来。从最简单的意义来说，就是所有我让其照我作品逻辑行事的主角都是男性，直到最近，我才能够在想象力方面做出努力，改变现况。这话印在出版物上看会很奇怪，但对我来说，人的性别并不重要，这是我身为女权主义者的主要困扰。时不时地，我就会忘记这困扰。

韦斯特林　嗯，弗兰纳里·奥康纳说过，她自然知道性别有两种，但她想，单看她的表现，就好像性别只有一种。

勒古恩　　是的，恐怕比起迎合时势、更容易说出口的姿态，我们中更多人的感受是这样的，不过我也认为，现在可以承认这一点了。我认为（妇女）运动的进展已足够深远，给了我们足够的力量，这话我们可以说了——有时候，这点儿该死的事真的没所谓。

韦斯特林 曾经一想到自己站在教室前头，我就相当不安。多年来，我看到的都是一个身穿粗呢大衣、口叼烟斗的男人。这让我相当困扰。十年来我都在为此努力，但仍然没法看到是自己站在那里，而不是那个穿粗呢大衣的人。我想知道你是否也有意识地努力过。

勒古恩 哦，有的。我非常感谢整个妇女运动为我提供了借以做出努力的智力工具。有时候，这几乎变成一种噱头——比如说，让自己改变一个代词的性别，看看会发生什么。

韦斯特林 所以，性别最终还是有所谓的，不是吗？

勒古恩 当然有所谓。但并非时时处处都有所谓。

韦斯特林 嗯，如果一个人是读冒险故事长大的，而这些故事又总是关于男孩的，那个人的想象力就由此被塑造了。

勒古恩 是这样。但你看，我曾乐于全心接纳故事主角——简·爱，我接纳她；赞恩·格雷作品里的一个男主角，我也接纳他——这方面我从没多想。所以作为作家的我，对此也从没多想。在我有所意识之前，我的道德心就已大有提升。大概到了1970年代初，这真的就有所谓了。现在我不能再天真行事，那种天真已一去不返。所以，现在一个人笔下的主角是什么性别，是相当重要的。我会为我早期的作品辩护，因为那个年代这方面并无所谓。但现在就有所谓了。

韦斯特林　所以你不同意弗吉尼亚·伍尔夫的观点，即有"女性的散文风格"这样一种东西。

勒古恩　我不知道。我不会反对弗吉尼亚·伍尔夫的任何观点。我见识过她的风格，绝妙的风格。我全心全意羡慕她的那种复杂性和编织感。但除了弗吉尼亚·伍尔夫，还有谁能做到呢？你看，这种思维方式很容易滑向性别歧视，这让我有些担心。

韦斯特林　但你的许多故事写的都是英雄冒险，与古老的战争史诗一脉相承，其中几乎没有女性的参与。

勒古恩　是这样吗？嗯，主要是早期的作品吧。没有什么比感同身受的冒险更有意思的了。

威克斯　说到后来的作品，你是什么时候写成《马拉夫雷纳》的？是在它出版前不久（1979年），还是在更早之前写的？

勒古恩　不，这不是我早先写的一本书，但其中的部分内容非常古早。构思和部分内容可以追溯到1950年代中期或末期。从结构体例上就能看出来：它有点儿松散。它是一部非常老派的小说。一部十九世纪的小说。

威克斯　我们都猜测说这是你学徒期的作品。

勒古恩　嗯，里面包含了学徒期的作品。

威克斯　当然，说它是一部十九世纪的小说，恰如其分——它完全符合司汤达的传统。

勒古恩　如果你要写的是1830年的革命，你写作的文体最好也和主题相称。

威克斯　在大学你主修罗曼语。其他哪些语言你也有所涉猎？我这么问，是因为你的名字似乎含有部分日耳曼语，部分斯拉夫语，部分斯堪的纳维亚语。

勒古恩　嗯，我有一点儿语言天赋，但没怎么派上用场。我现在正尝试自学西班牙语，但对一个会说法语和意大利语的人而言，这并不费事。我没学过其他语言。不过，我父亲是一位民族学家。家中有很多语言相关的书，他用他掌握的语言和研究合作者交谈，比如尤罗克语[1]。家里总是聚满了口音古怪的人。

1　美国印第安人的尤罗克部族所用的语言。

我很适应也很喜欢外语，所以编造语言真的好玩极了。编词造字是奇幻小说的源头之一。编造语言到了托尔金这儿臻于化境，他说过，他写《指环王》，是为了让人们能用精灵语说"早安"。

威克斯 你是如何选择角色名字的？照我看，你的名字库是大杂烩，还是说，这是你有意为之的？

勒古恩 我并不认为你在我的书中会发现某个岛屿或某个国家，其中的名字所暗指的任何一种语言的音素，会显得多么大杂烩。我试图在脑海中清晰地记住他们所使用的一整套音素，因为若在别人的幻想中，他们的音素是一团大杂烩，无法互相搭配，这可会让我烦恼不已。一个名字明显像德语，另一个又全然不同，像中文，然后你会得到一个"X"，你就不知道如何发这个音了。我试图让隐含的语言具有一定的连贯性，同时看上去可以读出来，这样读者不会一读到这个名字就卡住了。

威克斯 在地海世界中，你用了各种各样的名字。

勒古恩 嗯，地海中有四种语言。卡耳格语、赫语——一种主要语言、太古语，还有瓯司可岛上说的语言。

威克斯 在《马拉夫雷纳》中，角色的名字取自几种不同的语言。我花了很多时间，想弄清楚奥西尼亚是哪儿，不管你同不同意，我想说是匈牙利。

勒古恩 不是匈牙利，但离匈牙利肯定很近。我跟你说一件趣事。有几个人都曾不无权威地告诉过我它是什么，在哪儿，但没人提过捷克斯洛伐克，这让我觉得不可思议，因为两者明显有不少相似之处。我可以告诉你就是罗马尼亚吗？语言是罗马尼亚的。

威克斯 嗯，我觉得应该是罗马尼亚，但对不上。对我来说真正关键的线索，是路易莎去维也纳时住在匈牙利国王饭店。

勒古恩 你知道为什么吗？因为我在匈牙利国王饭店住过。就在（大教堂）后面。现在已经关门了，但它打实是莫扎特和贝多芬住过的酒店，所以我可以完全放心地用到它。我知道十九世纪二三十年代它就在了。

威克斯 你给《马拉夫雷纳》中的名字附加了什么特别的意义吗？例如，瓦尔托斯卡尔（Valtorskar）和帕鲁德斯卡尔（Paludeskar）似乎是地方的名字。这些地方有什么意义？路易莎是沼泽吗？

勒古恩 帕鲁德斯卡尔家族有一点儿沼泽的气息。不过我喜欢路易莎。现在这也成了书中为人熟知的部分。我第一次想到她的时候，路易莎就是一个强大的女魔头，一个蛇蝎美人，那时我正摸索着要写这本书。

威克斯 最后一个问题。你现在在写什么?

勒古恩 我正在给美国公共广播公司创作一部电视剧本,改编自我的一个短篇小说。编剧对我来说是一次新的尝试。去年,我和迈克尔·鲍威尔一起创作了地海故事的剧本。他是一位英国老导演——你看过《红菱艳》(*The Red Shoes*)吗?——他决心把地海系列拍成一部电影。

韦斯特林 前景如何?

勒古恩 前景在于好莱坞。我们写了一个完美无瑕的剧本,它最终将成为一部美丽而严肃的奇幻电影。但后来好莱坞说:"哦,是的,这很好,是的,我们想拍这部戏,但说实话,我们现在需要的是一部讲述永生的电影。"于是迈克尔和我就说:"好吧,是的,但你看,我们写的电影并不是讲述永生的。我们来拍一部讲述这个巫师和这位年轻女士的电影。"我们整件事都做反了。就从来没人先从剧本做起。迈克尔和我,我们应该一起去好莱坞,然后说:"我们来了,你们要雇下我们,付二十万美元,两年后,我们会给你一个你们一直想要的剧本。"多傻啊,我们却带着剧本去了!现在他们想重写剧本。要么拍我们的剧本,要么干脆不拍。所以很可能干脆不拍了。但我俩可都是相当顽固的人,我们相信自己的剧本,所以,谁知道会怎样呢?

过去二十年来,就是在这个房间里,
勒古恩持续创造和构建着一整个她自己的世界。

IN A WORLD OF HER OWN

在她自己的世界里

采访者
诺拉·加拉格尔

《琼斯妈妈》(*Mother Jones*)
1984 年 1 月

厄休拉·克罗伯·勒古恩住在俄勒冈州波特兰市的一栋老房子里，房子俯瞰着威拉米特河上的那些船坞和码头。房子内部干净、简朴：楼上的卧室里（勒古恩夫妇的三个孩子，都已离家生活），每张床上都铺着一张普通的棉被，每块地板上都配有一小片地毯。在楼上走廊的尽头，有一扇通常紧闭的门，门后是一个小房间，曾用作儿童活动室，法式落地窗向外敞开，可以看到一片树梢——山楂树、梨树、苹果树和柳树。过去二十年来，就是在这个房间里，勒古恩持续创造和构建着一整个她自己的世界。

在一张狭窄的日用床上方的墙上，大金属夹子下夹着几张图纸。在其中一张上，勒古恩用铅笔工整地手绘了一幅地图：两指宽的陆地被一片海洋阻断。作者解释说，这是加利福尼亚北部和内华达州的一部分，两者间的中央山谷位于水下。这幅草图上覆有一层玻璃纸，玻璃纸上是熟悉的纳帕谷中的城镇——圣海伦娜、卡利斯托加、扬特维尔——以及该州东北部的山脉和熔岩层。这幅地图仅用作参考，供勒古恩在叠于两张地图上方的第三张地图中描述一些陌生的城镇——新山、瓦卡瓦哈和楚莫——之间的距离时，不会出太大岔子。这些地图是勒古恩创作中的新书的工作底稿，故事发生在不久的将来，地震和大陆位移摧毁了旧金山，让贝克斯菲尔德沉入海中，给内华达州的洪堡河添了一个入海口。

在这本书里，勒古恩回到家乡，把纳帕谷设为中心点。在她五十四年的人生中，有五十年的夏天都在这里度过。这趟回家之旅可谓漫长。在她所有的长篇小说中，这将是为数不多发生在地球上的故事之一。

自从一位兄长教她写作后，厄休拉·克罗伯·勒古恩就开始写故事。在过去的二十年里，她出版了十四部长篇小说、三部短篇小说集、一部散文集和两部诗集；她还与人共同创作了两部电影剧本，并为她的小说《天钩》创作了电视剧本。她曾获得四次雨果奖、三次星云奖、一次纽伯瑞荣誉图书奖和一次国家图书奖。许多评论家和读者都认为她是美国当今最好的奇幻和科幻作家。虽然勒古恩经常为这一体裁热忱辩护，然而科幻小说，至少是我们所熟知的那种，并非勒古恩所从事的全部。她曾写道："我写科幻小说，是因为出版商这么称呼我的书。如果由我决定，我会叫它们'小说'。"

科幻小说的魅力在于它的主题："他者"——异世界、梦中的事物、来自潜意识的原始素材。因为这些东西被包含在一个有开头、中段和结尾的故事中，所以它们不会像我们若在街头或噩梦中遇见时那般令人惊惧。但在 1950 年代末之前，也就是勒古恩这一代科幻作家开始发表作品之前，大多数美国科幻小说所做的事都是呈现"他者"，然后立即将其击败：外星人最终总是自食其果；身形精瘦、下巴方正的太空船长在虫眼怪兽群中杀出一条血路（金发碧眼的蠢女人紧抓着他肌肉发达的手臂）；整个银河系为自由商业提供了安全保障。科幻小说可能比其他任何类型的写作都更能反映美国的情绪：如果有什么与众不同,就毁灭它。

勒古恩首先为科幻领域引入了女性:《天钩》里的黑人律师、《失去一切的人》里的海洋生物学家、《起始之地》里的杂货店店员。她笔下的外星人往往是困惑的、容易走神的,或者只是疲倦了的。在《天钩》中,她的外星人住在波特兰的一家自行车修理店楼上,经营着一家俗气的二手商店,店里卖的东西有披头士的老唱片等。勒古恩引入的许多主题,放在任何一部美国小说中都会极具风险:作为社会和经济替代方案的无政府主义,以及社会主义、女权主义、道教、环保主义,还有爱和苦难。在一个精彩的短篇小说里,她将一艘宇宙飞船上的男性形象一扫而空,改换了性别:《内部通信》("Intracom")讲的是一艘小型太空船的船员发现,船上有一个外星人。外星人?是一个胎儿。飞船则是一个孕妇。

在她的小说中,"人"的尺度始终不变;所有其他的事物都要以"人"为衡量标准。没有任何奇妙的技术可以取代人的手或心——勒古恩在《科幻小说与布朗夫人》("Science Fiction and Mrs. Brown")一文中写道:"社区是我们所能期望的最好的事物。社区对大多数人来说意味着接触:你的手与另一只手的接触、一起完成的工作、一起牵拉的雪橇、一起跳的舞、一起怀上的孩子。我们每个人都只有一副身体和两只手。"

去年夏天,我在波特兰花了三天时间与勒古恩交谈:在她家俯瞰河流的小露台上,在杰克餐厅(一家以小龙虾闻名的镶木板内饰的餐厅)用晚餐时,在广岛纪念日的示威游行中,以及站在哥伦比亚河深及脚踝的水中,观察船后拖曳的水流时。她的丈夫查尔斯是波特兰州立大学的法国史教授,一个慷慨大度的南方人,她将自己的两本书献给了他。"献给查尔斯,"她在《黑暗的左手》中写道,"sine quo non"——没有他,就没有一切。

勒古恩个子不高,长着一双智慧的大眼睛,灰色的头发剪成平整的齐耳短发。我们交谈的头一天,她穿着紫色丝绸上衣、生丝裙子和精致的皮鞋。她的声音低沉而直率,虽然自带一股严肃的权威气息,但她也有可能突然进出法国教授、伦敦女仆或苏格兰厨师的口音。在伦敦的一次演讲中,她身穿正式的黑色天鹅绒套装,头戴螺旋桨无檐小便帽[1]。她自称是"一个小布尔乔亚无政府主义者""一个并非始终如一的道教徒和一个始终如一的非基督徒"。有一次我问她什么是道德,她回答说:"当遇到需要它的场景时,你就会去琢磨的东西。"

* * *

获得雨果奖和星云奖的科幻小说《黑暗的左手》,其故事背景是另一个星系,但论及的两个问题却彰显人性弱点:背叛和忠诚。(当有人问,她的所有小说中最恒定的主题是什么时,她不假思索地回答:"婚姻。")

这本书源自勒古恩对女权主义日渐增多的介入。"大约从1967年开始,我逐渐感到某种不安,感到需要再走远几步,或

---

[1] 螺旋桨无檐小便帽,科幻迷自我认同的标志。通常认为是1947年由密歇根州的雷·法拉第·尼尔森首次制作。

许是独自前行。"她在文章《性别是必要的吗?》("Is Gender Necessary?")中写道:"我开始想要定义和理解性的意义和性别的意义,无论是我生活中的,还是我们社会中的。在个人和集体的无意识中,已积聚了很多事物,这些事物必须被引入观念领域,否则就会变得具有破坏性。我认为,正是这种强烈的需求,促使波伏瓦写出了《第二性》,促使弗里丹[1]写出了《女性的奥秘》,同时也促使凯特·米利特[2]等人写出了她们的著作,并开创了新女权主义。但我不是理论家、政治思想家或政治活动家,也不是社会学家。我过去是,现在也是一名小说家。我思考的方式就是写小说。《黑暗的左手》那部小说,记录了我的观念和我思考的过程。"

她思考的中心问题是,一个星球若没有战争,会变成什么样?星球上的人们与我们会有何不同?他们会拥有什么,或缺少什么?随着时间推移,她开始意识到,她笔下的人们既非男性,也非女性,而是男女兼有。于是,格森人(Gethenians)诞生了:性雌雄同体者、双性恋者、性可能者。像其他动物一样,他们每个月都会进入发情期,在此期间,他们的身体会发生变化,两极分化,变成男性或女性。没有人知道自己会变成哪一性。如果受孕,雌性会保持雌性状态,并生下一个孩子。如果未受孕,她

---

[1] 指贝蒂·弗里丹(Betty Friedan,1921—2006),美国妇女组织的发起人之一和第一任领袖。她也是美国女性政治核心会议的发起人和美国堕胎权行动联盟的组织者。代表作有《女性的奥秘》等。
[2] 凯特·米利特(Kate Millett,1934—2017),美国女性主义运动家,"第二波女性主义"代表性人物,代表作是《性政治》。

就变回雌雄同体。一个孩子的母亲可能是其他几个孩子的父亲。（勒古恩说，直到她把完成的手稿交给她的儿科医生读过——医生是法国人——她才真正知道这在人类生理上是否切实可行。他告诉她："这是完全可能的，但很恶心。"）

格森星上没有强奸，没有"弱女子"和"强男子"间的体力分别，因为那的人随时可能生产和养育后代，所以当地的"男性"不像别处的男性那么自由。这里也没有战争。这里有小冲突、小劫掠，以及领土争端，但没有跨大陆级别的大规模军队调动。怀孕的人没法兼顾做将军这差事。

书的主角是一位来自地球的访客，他非常不适应这样的社会，正是他对两个平等个体间的爱的发现——虽则渐进而痛苦——构成了书的核心。有人批评勒古恩用了男性主角，但她自有解释："我知道女人肯定会喜欢这设定。那样书中就不会有任何戏剧性的场景了，她只会感到安然自在。我需要的是一个讨厌它、在其中感到煎熬痛苦的男人。真的，女人不会这样。她只会四处晃悠，说：'哦，这太棒了。'"

开始创作小说时，勒古恩对这一切一无所知。对她来说，小说源自脑海中的一个场景：两个人牵拉着什么东西，穿越漫漫雪野；其中许多内容都是人物在她创作过程中"告诉她"的。一旦对人物有了新发现，她就会重新审视小说，这儿那儿地改动一些片段。

"我第一次参加讨论我作品的学术会议时，"她轻笑着说，"一位加拿大学者正要谈《黑暗的左手》。他不知道我会去。当我走进去时，他很震惊。他表情恶狠狠地看着我，说：'可别告诉我，你不知道自己当时为什么这么写。'其实，学者和艺术家之间通常如此。我想：'哦，这就是我在做的事？'或者：'这就是我这么做的原因？'那可真是发人深省。但事实上，你做的时候可没法意识到这些。舞者不可能想：'现在我要向左迈一步。'舞不是这么跳的。"

* * *

环绕房子后部的宽阔门廊上，我们坐在野餐桌旁，吃了产自哥伦比亚河峡谷的冷鲑鱼作晚餐，这是前一天晚上勒古恩为女儿卡洛琳烹制的饯别宴的"剩菜"。（卡洛琳即将返回印第安纳州，攻读爱尔兰文学的博士学位。）桌上放着一只小杯子，里面盛着一些小银勺，这些银勺非常柔软，质地上乘，是科罗拉多州的不同城镇在银矿大开采时期铸造的纪念品。它们是勒古恩的母亲西奥多拉收集的；其中一个来自特柳赖德，西奥多拉长大的地方。

西奥多拉在伯克利与阿尔弗雷德·克罗伯相识并结婚，当时他是伯克利大学的人类学教授，而西奥多拉是他的学生（他记得她在课堂上发言时，手镯相触，叮当作响）。阿尔弗雷德最为人熟知的，也许是他与伊希的共事和友谊。伊希是"石器时代"人，也是他所属部族的最后一人，在1911年跌跌撞撞地闯入了二十世纪。（1916年，伊希死于肺结核，时年五十六岁。）但正是西奥多拉·克罗伯在自己六十多岁时，写下了《伊希在两个世界中》(*Ishi In Two Worlds*)一书，该书几乎与《萨摩亚人的成年》一样广受欢迎，被视为人类学的标准文本。

勒古恩对"他者"的情感、她书中的人类学细节，以及她对地球上平衡生活方式的热烈奉行，大多可追溯至她幼时的家学。虽然"伊希"这个名字在家中从未被提起过（这个话题似乎会让阿尔弗雷德·克罗伯陷入痛苦），但厄休拉还是听父亲讲过美洲原住民的故事和神话。她还记得父亲和两个最亲密的友人坐下聊天，一个是帕帕戈人[1]，另一个是尤罗克人，她当时并不知道这两个人也是父亲的人类学研究合作者，他们每年夏天都和全家人一起住在纳帕谷，和厄休拉及她的三个哥哥一起玩槌球。

还有其他客人：口音滑稽的难民、其他美洲原住民，以及一个会在她的小说《失去一切的人》中"再次登场"的大耳朵男人——J. 罗伯特·奥本海默[2]。

1961 年，阿尔弗雷德·克罗伯去世一年后，《伊希在两个世界中》出版。这本书写得非常好，以至于厄休拉心怀愧疚地问母亲，她是否因为要抚养孩子而没法更早开始写作。母亲答说："我想做什么，就做。我早想过，我想写作的时候，就会写作。"勒古恩说，她是"一个别具一格的人"。

勒古恩曾就读于伯克利高中，但她讨厌那所学校。"我不——你知道，我从没——我的毛衣长度和颜色从没合身过。我从没穿对过。"之后，她去拉德克利夫学院读书，后来又去了哥伦比亚大学，获得了法语文学硕士学位。她想到之后若要写作，还需一技之长养

---

[1] 和尤罗克一样，也是北美印第安人的一个部族。
[2] 奥本海默是加州大学的理论物理学教授，在"二战"期间管理洛斯阿拉莫斯核实验室，被认为是原子弹之父。——原注

活自己。上大学时，她就把一些诗歌和短篇小说拿去投稿——她的父亲自告奋勇做了她的经纪人。有些诗歌发表了，但所有的短篇小说都被退稿了。退稿一直持续到她二十七岁，短笺的措辞简短、客气；《红皮书》《哈泼斯杂志》和《大西洋月刊》的编辑们都会用到的经典形容词是"遥远"。但勒古恩并未过分气馁。"那时我坚持不懈，"此刻她说道，"有一种毫无来由的自信，部分是因为我的脾气，还有父母对我的教育方式。我知道我会逐渐进步的。"

1953年，她在玛丽皇后号上遇到了查尔斯·勒古恩，两人都接受了富布赖特奖学金的赞助，航往法国。跨洋之旅后，勒古恩"相当确定"。两人在法国成婚，年底回到查尔斯从小长大的城市，佐治亚州的梅肯。

在那里，在一个庞大的南方家族（"这样的南方家族有成百上千"，勒古恩说）的怀抱中，查尔斯修完了博士学位，厄休拉教授高一法语。她继续写作：她曾在埃默里大学物理系做秘书，在工作的同时写出了一部长篇小说；孩子出生后，她晚上洗过碗碟后写作。

她的一部作品在一家小型的大学季刊上发表了，但直到1962年，也就是她三十二岁时，她才收到第一张支票。此前几年，勒古恩已不读科幻小说了，因为科幻小说中似乎只有"机器和士兵"。但在一位朋友的鼓励下，她开始阅读哈兰·埃里森、菲利普·K.迪克和西奥多·斯特金[1]的作品，勒古恩发现，这一文学

1　西奥多·斯特金（Theodore Sturgeon，1918—1985），美国科幻作家，被认为是现代科幻小说奠基人之一。曾获世界奇幻奖、雨果奖、星云奖，2000年入选科幻与奇幻名人堂。代表作是《超人类》。

体裁正在变化。她向科幻领域投稿的第一篇小说,被一位女编辑买下,她就是当时在《奇幻》和《惊奇》(*Amazing*)这两本奇幻/科幻月刊工作的塞勒·戈德史密斯·拉里(Cele Goldsmith Lalli)。这篇名为《巴黎四月》("April in Paris")的故事让勒古恩获得了三十美元稿费,她立刻用这笔钱买了一条棕色羊毛裤,这条裤子是她在《纽约客》的广告上看到的。

在《黑暗的左手》之前,她出版了四部小说。1970年,她以家乡波特兰为背景创作了一部小说。《天钧》讲述了乔治的故事,这个渺小、普通的绘图员发现,他可以通过自己的梦境改变未来(以及回溯式地改变过去)。这是一部非常精细的小说,书中有普通人和乌龟模样的外星人,他们发现自己正身处环境灾难中。勒古恩说,她是在向菲利普·K. 迪克的后期作品致敬。迪克是《仿生人会梦见电子羊吗?》的作者,电影《银翼杀手》就是根据这部作品拍摄的,勒古恩认为电影拍得很糟。迪克的书中满是行将破产的小商人。在《天钧》中,一个外星人建议说,如果能得到朋友的一点儿帮助,日子就勉强过得下去。

波特兰是一座依威拉米特河岸而建的闲适小城。它是一座勒古恩式的城市,某些部分就像是勒古恩创造的。比如说,鲍威尔书店(Powell's Books)就开在一个汽车经销商的旧车库里。在鲍威尔书店,你可以找到任何书;你可以向柜台店员含混地描述,啊,那本关于解放神学[1]的书,他会回答说:"《人民的呼声》(*Cry*

---

[1] 1970年代以后,主要在拉丁美洲天主教界中成形的一个神学主张。其主张信仰天主的人应该关注人间制度的公平正义问题,如贫穷的世袭化、经济资源集中在少数人手中与种族歧视等问题。

of the People)——在楼下，历史区。"还有杰克餐厅（小龙虾、锚牌蒸汽啤酒、老式木制卡座），以及在威拉米特河边的滨水公园里，有一块地方专门用来纪念弗朗西斯·J. 默南（Francis J. Murnane），他是国际码头及仓库工人联盟第八分会的前主席。每个周末，公园近旁都会举办波特兰周六集市（"风雨无阻，从四月直到圣诞节"），集市上有手工艺品摊位，有美食，从日式照烧到被称为"象耳"的扁平的大块糕点，应有尽有。我在公园时，四个拉小提琴的孩子正在高速公路桥下演奏勃兰登堡协奏曲。

波特兰有合理的建筑高度规定——四百六十英尺，约五十层楼高——还有许多公园，包括市中心的一个公园，它依照传统，专供女性使用。（1904年，波特兰的妇女们决定要有一个属于她们自己的地方。曾经会有一位年长的监察员站在女性公园的入口处，温和地劝告男性在无女性陪同的情况下不要进入公园。）在公共图书馆附近的一个饮水喷泉处，石刻上是这样写的："树上的舌 / 流溪中的书 / 石头上的布道 / 一切尽善。"我住在市中心一家舒适的老旅馆里，一晚二十四美元。

勒古恩夫妇在森林公园近旁住了二十三年。（勒古恩的小说中经常有很多树。她曾自认是科幻界"最树木系的作家"。）周日上午，我去公园散步时，一对夫妇坐在一架桥上，正用鸡尾酒杯喝香槟。

8月6日晚，我和勒古恩夫妇在市中心的女性公园附近见面，参加一个纪念广岛原子弹爆炸的艺术家项目。前一晚，两百个人在波特兰的人行道上画了两千个"影子"，其中一个勾勒出一个男人和一只猫玩耍的轮廓，以此提醒人们，广岛原子弹的辐射曾将受害者的形象烧蚀在了建筑物的侧面。勒古恩在晚会临近结束时朗诵了一首诗：

我们一直活着，直到1945年。

孩子有犯错的时间，
有犯错的余地。迦太基
可以被摧毁，然后被撒盐。

一切如常。都会好的。
然后我们
（技术上讲，这动作很迷人）
把灯打开
在那分隔之光的沙漠中，我们看到了
世界之墙上的文字。

之后，我们走到滨水公园，人们在河上放飞白色气球，气球上系着纸鹤。一小群喝醉酒的男士和示威者们隔开一些站着，一遍又一遍地唱着类似"酷儿[1]们要死了，酷儿们要死了"的歌词，直到人群中有人出声，轻唱起来："我们要说的，只是给和平一个机会。"而后一个人接着唱道："我们要说的……"而后又有

---

[1] 本篇采访发生的年代（1984年），"酷儿"一词通常在贬义语境中使用，凭借其性取向或身份等，用以侮辱或边缘化人们，类似"怪胎"。

一个人接着唱——很快,醉汉们安静下来,水面上一片广袤的寂静,盖过了人声。

* * *

1974年,勒古恩出版了她的第二部小说《失去一切的人:一个模棱两可的乌托邦》,此作获得雨果奖和星云奖。书耗时两年半写成,是她迄今为止做出的最明确的政治宣言。

在开始创作这部小说前的几年里,勒古恩一直在阅读重要的无政府主义思想家的著作,其中包括彼得·克鲁泡特金和保罗·古德曼。克鲁泡特金是十九世纪俄国的一位自然科学家,在西伯利亚和俄国其他地方观察过动物和人类的生活后,他在《互助论》一书中向当时的社会达尔文主义者提出了质疑。《互助论》一书的观点是,各种生物并非通过彼此竞争来进步或生存,而是通过合作来确保共同的存活。克鲁泡特金是一个性情和顺的温柔之人,1874年在俄国(因阴谋反对沙皇而)入狱,后逃到西欧,直到1917年革命中期才回到祖国。虽然克鲁泡特金支持革命,但他对布尔什维克持批评态度且日渐加剧,最终在1920年与列宁彻底决裂。一年后,他在绝望中去世。

古德曼是二十世纪的美国人,他关于青春期男孩的著作《荒诞地成长》(*Growing Up Absurd*)在1960年代成为畅销书,也是他最知名的作品。与克鲁泡特金一样,古德曼的思想横跨多个领域:他是诗人、小说家、非专业治疗师和社会批评家。由于他在"二战"期间是一名和平主义者,还是一名公开的同性恋者,他早期的文学生涯饱受挫折。对大多数人来说，无政府主义者就是会扔炸弹的恐怖分子，无政府状态则意味着混乱失序。无政府主义者中也有暴力分子，但无政府主义的恶名大多源自针对它的成功的反面宣传。无政府主义是一种组织松散但往往非常成功的政治哲学。（近来的核抗议者用到的"亲和团体"，就是无政府主义者在西班牙内战期间发明的。）简单地说：无政府主义基于这样一个现实的观察，即在没有国家干预的情况下，自行其是的人们会倾向于合作并解决彼此间的分歧。这个过程可能会令人尴尬、效率低下，不时还会发生争吵，但相比于靠命令行事，这样做的最终结果通常会让每个人都更加满意。

与大多数政治意识形态家相比，无政府主义者往往理论性更弱、实践性更强，他们借由观察来证明观点。因此，古德曼在文章中谈到了座次安排、曼哈顿禁入汽车、为什么空地对儿童有益、为什么冬天应该允许落雪堆积在城市里以便人们使用雪橇，以及为什么高速公路不利于自行车和旱冰鞋。古德曼喜欢杂乱、活跃、以人为本的城市。他经常写道，他相信人类的劳作应该在城市的户外进行，而非隐蔽在远离市中心的工厂里。克鲁泡特金记录了农民如何共同救火，如何应对分娩。

对于勒古恩来说，阅读他们和其他无政府主义者的作品："就像呼吸新鲜空气。他们谈论日常生活。谈论如何行事。作为一个实在的思考者，作为一个家庭主妇，在很多方面，他们都在说着我的语言。"

为了展示无政府主义是如何运作的，勒古恩构建了一个无政府主义乌托邦——阿纳瑞斯星。这个沙漠星球是一个后工业世界——有火车，有工厂，甚至有电脑——但没有法律和货币（"小偷存在的前提是财产所有者的存在；犯罪存在的前提是法律的存在"[1]），没有监狱，几乎没有个人财产，没有物主代词。

为了形成对照，也为了将无政府主义与资本主义进行比较，勒古恩创造了另一个星球，乌拉斯，这是一个富饶、昂贵、美丽的世界，居住着衣装华美的男人和女人（女人的皮肤下植入了磁铁，以固定珠宝），还有隐藏不见的穷人。两个星球互为卫星。

《失去一切的人》的主角谢维克是一位物理学家，他的原型之一是 J. 罗伯特·奥本海默。他出生在阿纳瑞斯星，最终来到了乌拉斯星。通过谢维克的眼睛，我们看到了这两个星球。阿纳瑞斯星上的一座城市，是勒古恩向保罗·古德曼的致敬：

> 他经过一家玻璃工厂，一名工人正舀起一大勺灼热的熔液，随意得如同厨师在盛汤。玻璃厂隔壁的院子里忙得热火朝天，工人们正在浇铸建筑用泡沫石。领头的是一位壮硕的妇女，她穿着一条落满灰尘的工作服，正用响亮的声音指导其他人往模子里倾倒熔化物。这之后是一家小型电线厂、地方干洗店、制造修理乐器的拨弦乐器作坊、地方小型物资分发处、剧院及砖瓦厂。每一处正在进行的活动都很令人着迷，其中绝大多数都是在户外，让人可以看清全部的过程。到处都有孩子，有的在帮大人干活，有的在地上捏泥团，还有一些则在街上玩游戏。一个女孩儿坐在学习中心的屋顶上，低

---

[1] 本书《失去一切的人》的相关引文，均引自陶雪蕾译本。

头看书……没有哪一扇门上了锁，关着的也是极少数。街上没有任何的掩饰，也没有广告。一切都在这里，所有的工作，城市里的所有活动，都让人开目可见、触手可及。

在乌拉斯的一条街道上，谢维克生平第一次去购物：

> 萨伊穆特尼维亚前景街有两英里长，车水马龙，人头攒动。街上售卖各式各样的货物，恭候着客人去光顾：外套、裙装、礼服、长袍、长裤、马裤、男士衬衣、女士衬衣、帽子、鞋子、袜子、围巾、披肩、马甲、斗篷、伞；式样各异的服装适应于各种不同的场合——睡觉、游泳、玩游戏、出席下午聚会、出席夜间聚会、出席乡间聚会、旅行、看戏、骑马、种花、待客、划船、用餐、打猎……
>
> 这条噩梦般的街道最最怪异的一点在于，在此地销售的成千上万件东西，没有一样是在这里生产的。它们只是在这里售卖。那些车间、工厂呢？那些农民、工匠、矿工、织布工、化学家、雕刻匠、染工、设计师、机械师呢？那些辛勤劳作的、制造了这一切的人呢？他们都在视野之外，都在别的地方，都躲在墙的背后。所有这些商店里所有的人，要么是买东西的，要么就是卖东西的。他们跟那些东西之间除了占有与被占有的关系之外，再没有任何别的关联。

在完成书稿前，勒古恩采取了一个不同寻常的举动：她把稿子给一位朋友，马克思主义评论家达科·苏文（Darko Suvin）看了，苏文在蒙特利尔的麦吉尔大学任教。勒古恩认为，马克思主义者和无政府主义者都是他们自身最好的批评家："似乎只有这群人，才能说出彼此的主要问题。"他告诉她，一本无政府主义的书不能只有十二章，必须有十三章。他还告诉她，她的结尾过于严密、完整了。勒古恩增加了一章，让这本书有了开放式结尾。

当《失去一切的人》完成时，勒古恩精疲力竭。"我坐着，确信自己再也不要写作了。我读荣格，查阅《周易》。十八个月来，它给我的答案始终如一：聪明的狐狸，会静静坐着，或类似说法。"

* * *

自1974年出版《失去一切的人》以来，勒古恩已出版了三部小长篇、一部散文集和两部短篇小说集。[最近出版的《罗盘玫瑰》(*The Compass Rose*)中，有一个故事讲的是在一个极似智利的国家对政治犯施行电击的情况。]她新近的小说，只有一篇发生在外太空。

"太空对我来说是一个隐喻。一个美丽、可爱、无限丰富的隐喻，"勒古恩向下望着码头说，"直到《失去一切的人》，这个隐喻戛然失效。我失去了信念。我就是——我无从解释。我似乎没法再写外太空了。"

"我写的上一个外太空故事收在《罗盘玫瑰》里。篇名是《欲望之路》("The Pathways of Desire")，从某种意义上说，它结果却成了一个骗局。这显然是我信念缺失的表露。"

她讨厌乔治·卢卡斯和史蒂文·斯皮尔伯格广受欢迎的科幻电影。"说实话,我不会去看《E.T. 外星人》,因为我非常不喜欢《第三类接触》。"

"它看起来太剥削人了。我不知道,他对人的态度太奇怪了。在《第三类接触》的结尾,她找回了那个漂亮的小孩子,你知道。他已失踪好几周甚至几个月了,不是吗?她把孩子找回来了——她拍照片是要做什么?她甚至都没搂着孩子。这让我很生气。"

她停顿了一下,接着说:"我觉得袖手旁观、目中无人,这有些奇怪,因为真的像是它们并不——你不能像谈论普通的电影或艺术形式那样谈论它们。那几乎像是一种仪式了。人们去看,是因为别人也去看。这类似人际关系,是不是?一种奇怪的人际交流方式。但问题是,换句话说,这在某种意义上就像宗教团体,但它却如此低级,道德上如此卑劣。《星球大战》真的令人厌恶:充斥着暴力,在已知的宇宙中只有三个女人。"

"这些电影在智力和道德上都水平低下,也许就这样盲目无觉地,它们确实贴近了人的感情,"她继续说道,"因为它们不仅非关智力,而且是反智的,是在故作愚蠢。但以上评语,我主要是在说《星球大战》。至于另一方面,我认为史蒂文·斯皮尔伯格在玩一个非常狡猾的游戏。我认为他心里清楚。我认为他在有意地利用原型意象,以一种我很不喜欢的方式。"

(我问她,晚宴上人人都不停谈论《E.T. 外星人》时,她如何应对?"我不说话,"她回答,然后换用一种粗壮的声音说,"我想要被爱。")

"我确实关注了我们的太空飞行。那小小的旅行者号们?天哪,那些飞船太可爱了。但我觉得,我们现在做的事本身则非常令人沮丧——航天飞机。对于这东西,我并不像看待其他太空飞行器那样感到高兴。它完全是军事工业的产物。它就是一堆在世界各地飞行的垃圾,空中垃圾。我想这必然关涉我的信念缺失。天啊,我们会把事情搞得一团糟,糟到——我们会重蹈覆辙……"

"我觉得我们病了,"她最后说道,"我讨厌发宏论,我也不知道你是怎么带孩子的。我们的人口如此庞大,人们如此努力地工作,却没人为此称赞他们。我们的族群已经过度繁殖了。"

但我指出,在她的许多书中,我们的救命稻草仍是他人的存在。

"但他们不一定是人类,"她答道,"我们无时无刻不与他者共同生活。这就是宗教和一神论的问题所在。他们说我们是另类的,是更好的。这个方向是非常愚蠢和危险的。这也涉及女权主义。女性素来被当作动物对待。如果男人们坚持这一论调,那男人们就可以和上帝在伊甸园里漫步了——他们可以在其中独自行走。"

这些日子,她每天早晨五点半起床,在走廊尽头的小房间里写她的新书。书中的世界人口很少,近似石器时代晚期,这里几百万,那里几百万,动物则种群庞大。书中没有男性主角,但有很多很多声音,还有一位名叫潘多拉的女性人类学家。

* * *

在我离开前,我们去秀维岛摘蓝莓。没找到可摘的,就在哥伦比亚河畔野餐。厄休拉问查尔斯,是不是黛比·雷诺兹因为埃迪·费舍尔用温水刷牙而和他离婚了,查尔斯回答说不是,离婚的是伊丽莎白·泰勒和尼基·希尔顿。[1] 她卷起裤管,站在浅浅的水中,船只的尾流一波一波有序地向她冲来,每一波浪花形态各异,每一波轻拍河岸的浪花,与下一波浪花则完全等距。

莫扎特在一瞬间听到他完整的音乐——她之前告诉过我——然后他必须把它写下来,把它在时间中延展开来。

---

[1] 前述四人都是当时英美世界的社会名流。

故事套系类似于巴赫的大提琴组曲。我希望它能得到认可，而不是被贴上标签，被当作小说集而遭到摒弃，当然也不是"拼盘"，而是被视为一种真正的小说形式，它本身便如此构思，而非临时拼凑，本身就具有耐人寻味的复杂美学。

DRIVEN BY A DIFFERENT CHAUFFEUR

由一位与众不同的司机驾驶

采访者
尼克·格弗斯

《科幻站》(*SF Site*)
2001 年 11/12 月

厄休拉·K.勒古恩身兼多重创造性角色：诗人、散文家、翻译家、儿童文学作家、插画家、主流文学作家；但奇幻和科幻小说无疑凝聚着她最特异的才华。她的两个伟大的作品系列，即地海系列和爱库曼系列，足以证明这一点。地海是一个多岛屿的王国，兼具安详的魔法和阴暗的魔法、龙和巫师、脆弱的傲慢和阔大的谦卑。爱库曼系列，或曰海恩宇宙系列，是一套复杂的科幻作品系列，蕴含着丰富的乌托邦猜想和人类学思考。由于她近期主要着力于开拓爱库曼系列和地海系列的内容，本次访谈的重点自然也落在这里。

2001年11月和12月，我通过信件采访了勒古恩，同时她重要的新小说集《世界的生日及其他故事》（*The Birthday of the World and Other Stories*）预计将于2002年3月出版。勒古恩身为作家，敏锐而坚定地抱持己见，我故意向她提了一些语带挑衅的问题。和我期待的一样，她以饱满的活力回答了我，以其闻名的善意的说教，对我宣之于口的诸多臆测加以批评。因此，如果下文的一些提问显得幼稚或粗鲁，读者谨记，这些问题是牺牲性的，而即便如此，许多人仍会衷心赞同发问的前提。勒古恩的小说是思想的引擎，而其小说所引发的许多思想必然会和她自己的想法背道而驰。

格弗斯 《倾诉》《地海故事集》《地海奇风》和《世界的生日及其他故事》——在不到两年的时间里,你出版了四本重要的新作,包括自《地海孤儿》以来最新的长篇小说。这可能是1970年代以来你最高产的阶段。你认为这种高产的原因是什么?

勒古恩 这种无比勤奋的景观,是出版业的奇特现象。几年来,我一直在以平常的速度持续写作,却不知道作品会在哪里出成书(出于种种原因——编辑换了,文学经纪人换了,等等)。我新的出版商哈考特(Harcourt)一和我谈好,就迫不及待地在极短时间内印行了我给到他们的所有作品;然后我原先的出版商哈珀(Harper)突然意识到我还活着。就这样,我在两年内出版了四本书[五本,若算上拖延已久、会在3月出版的儿童读物《汤姆鼠》(*Tom Mouse*)]。

其中两本新书汇集了我在1990年代写的短篇小说,但并未收录我1990年代出的集子《内海渔夫》(*A Fisherman of the Inland Sea*)[1]、《打开空气》(*Unlocking the Air*)、《海路》(*Searoad*)和《宽恕的四种方式》(*Four Ways to Forgiveness*)中的小说。(后两部是故事套系,在我看来,和长篇小说差不多。)《地海故事集》同样不是长篇小说,但它让地海系列从《地

---

[1] 同名短篇小说全名为《另一个故事,或〈内海渔夫〉》,中文版收于《寻获与失落》。

海孤儿》得以不间断地延展到《地海奇风》。随后，《倾诉》和《地海奇风》两部长篇小说在1990年代末相继问世。一部来得慢，一部来得快。

格弗斯 在过去十年中，你写作的特征是回归和修改原初的海恩宇宙和地海系列。话虽不能说太早，但你是否认为，现在已完成了地海和爱库曼系列的创作，并彻底收尾了？

勒古恩 我重访地海世界，做出了修订，其中某些模糊的部分也得以澄清。在我看来，爱库曼世界只是得到了进一步的探索。

我不知道自己完成了任何事。当然也没有完成爱库曼，它没有形状，因此也没有结局。

我似乎倾向于避免得出盖棺定论的结论，就像谁说的那样，我闪烁其词、毫无定性。我喜欢让门敞开。

格弗斯 你最新的作品带有强烈的和解气息：并非向父权制和暴政妥协，而是将你中期作品（如《总会归家》和《地海孤儿》）中似乎相互疏远的男性和女性元素融合在了一起。你是否变得成熟了？抑或只是你意识形态的重点发生了转变？

勒古恩 谢谢。我喜欢"和解，并非妥协"。

但我想知道，为什么你认为《地海孤儿》中的男性和女性元素是"疏远"的，而《地海巫师》和《地海彼岸》中的却不是，后两本书中没有任何重要的女性角色。没有就不疏远了？

《地海孤儿》是真正的和解的开端。第一步总是艰难的。

至于《总会归家》中的男性和女性元素，我个人认为，在我所有的作品中，这本书中（凯什人之间）两性的再联合、合作及和谐，达到了可能有的最高程度。当然对于那些认为两性和谐的结果只能是一方优于或支配另一方的人来说，这都是可以忽略的。这些人坚称凯什社会是"母系社会"，真是无稽之谈。他们的逻辑显然是，如果不是父权制，就一定是母权制。等级制要灭亡可真非易事，是不是？

至于成熟，我希望自己和蔼可亲、豁达开朗，但肯定不希望成熟得像一团糨糊。就像梨子从里面烂掉一样。我宁愿像酿酒用的赤霞珠葡萄那样成熟。不过要真那样，就得在瓶子里闷上好几年……

至于意识形态，就见鬼去吧。全都见鬼去吧。

格弗斯 顺着前一个问题：随着时间的推移，你的风格也在变化，从早期丰富的神话/史诗语体风格，到1980年代作品中精细打磨的简洁措辞。现在，这两种风格似乎结合在了一起，或在风格的调和中呈现出交替或交融的形态。这种融合在多大程度上是有意为之的？

勒古恩　　我做任何事都并非完全有意为之。

但我确实非常努力、非常着意地钻研我的技艺。在声音、流畅性、准确性、关联性及文字的寓意方面。

格弗斯　　地海和爱库曼系列早期的小说，与新近的续作之间的一个显著对比是，后者从行动转向了观察：《倾诉》和《地海奇风》更多是沉思性和话语性的，而不是情节驱动的。这是为什么呢？

勒古恩　　可能因为我写这些作品时已经七十多岁了。人到了七十来岁，身体会有一些变化，会强烈地——往往是势在必行地——促使自身从行动转向观察。七十来岁的行动，往往会引发许多"嗷、嗷、嗷"的呻唤。然而，观察则会让人受益。我从不确定我的身体在何处中断而头脑在何处起始，反之亦然；对我来说，其中一个的变动促使另一个相应变化，这并不奇怪。

总之，我从未写过以情节驱动的小说。我在老远处欣赏情节，毫不妒忌地欣赏。我不写也从没写过；既不想写，也写不了。我的故事由一位与众不同的司机驾驶（开得缓慢而飘忽，不时会停车欣赏显然无关紧要的风景）。

格弗斯　　从《总会归家》开始，你似乎就在倡导一种高度简朴的生活方式：集体的、农耕的、可持续的。《总会归家》中的凯什人就这样生活，还有不同短篇小说中 O 星球[1]的居民，以及在弓忒岛放羊和种萝卜的格得，等等。但是，这种想法是否在情感上是怀旧的，而且到了错误的人（波尔布特）手中，会变得非常危险？

勒古恩 我们能重问一下这个问题吗？这个问题本身就有问题，就其目前的形式而言，我无法回答；它似乎要么自问自答，要么自我消解。这些术语是意识形态的，且自相矛盾。"可持续"的生活方式"在情感上是怀旧的"？

一个生活在非工业经济时代的人，他不再有收入来源，但的确可以使用一小块土地，照料山羊（对不起，我不记得地海世界里有萝卜）、家庭菜园、家禽、果树。如果他喜欢不时地吃上两口，你还会建议他再做些什么呢？[2]

当然，单单这个非工业经济存在的想法，可能正是你认为的"在情感上是怀旧的"。

怀旧问题值得细究。许多奇幻还有科幻小说，都借鉴了人类对"平静无争的王国"——伏尔泰建议我们开垦的花园——的明显不变的渴望。但在这样的讨论中，用到术语时可要谨慎而恭敬。

---

1 O 星球（planet O）是爱库曼世界中一个虚构的星球。
2 "萝卜"是修辞意义上的用词。——尼克·格弗斯原注

欠考虑、被误用的技术对世界造成了破坏，凡拒绝认同如此行为是可取的或无可避免的，其人都可能被称为"勒德分子"。工业资本主义的所有真正的替代方案，都可能也的确被驳斥为"怀旧的"。

所有理想都是危险的。所有理想主义者都是危险的。然而，危险的内容及危险的过程具体如何，可能各有不同。

理想主义者和意识形态家之间或许有所差异—— 一种微妙的、至关重要的差异。

格弗斯 在爱库曼系列中，地球的命运并非完全是世界末日式的，但也相当荒凉、凋萎和神权化，这一点在《失去一切的人》中有所暗示，在短篇小说《舞动伽南》("Dancing to Ganam")以及长篇小说《倾诉》中有更详细的呈现。这些描述接近你对地球的实际预期吗？

勒古恩 我不知道。有时我觉得自己只是遵从迷信，试图通过谈论邪恶来避开邪恶；我当然不认为我的小说是预言。然而，纵观我成年后的人生，我目睹我们无法挽回、不可补救、毫无自觉地损毁着我们的世界——为了追求"增长"和眼前的利益，我们无视每一次警告，忽略每一个善意的可能。生活在2001年的美国，看着对剥削性和破坏性日趋加重的技术的无休止使用，我们很难抱有什么长远的希望：这儿说的技术，并不主要是武器方面的,而是可以且本该具有实用性和成效性的技术——燃料来源、农业、基因工程,甚至医学。当然,还有我们仍在进行的繁育后代。

过去二三十年间,世界上每一种宗教的原教旨主义派别都在崛起,而且许多人都愿意相信,原教旨主义就是宗教本身,这助长了人们对神权世界的黑暗想象。我想指出的是,爱库曼系列的一些小说中暗示的不幸的地球,只是一段黑暗的路途,它通往我最有希望的作品《总会归家》中那个遥远未来的地球。人们相信,除了高科技发展、急剧扩张、城市化以及对自然和人力资源的无情掠夺,我们没有其他可能的未来——相信我们必须像现在这样走下去——人们倾向于把这本书看作是向后转的书。其实不然。它审视,但不回望。它是一种激进的尝试,试图跳出现有的假设,拒绝现有的假设。它试图描绘一个真正成熟的社会。它想象了一种"层递技术",其原则不是强制性的增长,而是内环境平衡。提供的不是机械的而是有机的文化模式。

格弗斯 《倾诉》可被解读为一个科幻寓言,描述了社团制对传统智慧的压制。这是否想说这种传统智慧是无懈可击的,或者反过来说,可以免受批评?

勒古恩 我不知道你为什么问我,我是否"想说"任何传统智慧或神权制度都是无懈可击或免受批评的。《倾诉》确实呈现出一个灵活而又可亲的传统，对我们的视点人物[1]很有吸引力；但她、我以及他们，都把无谬论[2]留给了教宗。《倾诉》中甚至没有神职人员，只有在特定时期承担仪式职能的人。该传统没有唯一或多个神灵，没有等级崇拜，也没有祈祷。由于萨蒂正在一点一点地发掘这一传统，且这一传统已遭严重破坏，时下是非法的，只能勉强存续，因此她没有依据也没有特别的理由去批评这一传统。但她确实一直在警惕她在地球上所了解的那种宗教狂热，她打心底里厌恶和怀疑的那种。小说肯定没有把统治地球的统一神权政体描绘成英明神武、无懈可击或无可指摘的吧？

你的问题听起来好像你不相信我书中所述。这就是"倾诉"需要大量练习的一个例证……因为它必然包含了倾听……

格弗斯 撤回或放弃地海三部曲早先的前提，由《地海孤儿》和《地海故事集》开始，在《地海奇风》中完成：很大程度上，魔法本身失效了。你现在想要人们如何阅读前三部作品呢？是依照其自然流露的——我们可以说是——庄严，还是以后见之明为前提？

---

[1] 叙事作品中，借由其视角来观察事态的人物。
[2] 教宗万无谬误，罗马天主教的一个教条。但并非所有天主教徒都相信此论。

勒古恩　那么，尼克，你是什么时候停止殴打妻子的呢？

你这个问题第一句中的假设是完全错误的，这意味着我无法回答，只能用问题来反驳。

你为什么说魔法在地海系列的后三部作品中失效了？证据呢？就因为格得不能再施展魔法了——这样一个人，在明了自己所行之事及其因由的情况下放弃自己力量的人？柔克学院关闭了吗？太古之力消失了吗？龙无法飞行了吗？形意师父不还在他的树林里，而心成林不仍是世界永恒变动的中心吗？

我不会说我"想要"人们如何阅读这些书；我没有也不想控制我的读者，当然，故事本身的影响除外。不同的人会以不同的方式阅读我的两组三部曲，事情也理应如此。因为第一组三部曲更易被孩子接受，他们读完可能会停下，长大后再来读第二组。

但如果第二组三部曲会使第一组失效、被撤回或撤销，我就不会写了。

第二组扩展了第一组，第一组非常强大，但边界有限，略去了太多的世界。

第二组三部曲没有改动第一组的任何内容。它只是以不同的眼光看待全然相同的世界。我可以说，几乎就像从用一只眼看切换到用两只眼看。

这所有的作品在很大程度上都是对力量的虚构式研究。第一组三部曲主要从强者的角度看待力量。第二组三部曲则从那些本就一无所有或已失去力量的人，抑或将自身力量视为死亡幻象的人的角度来看待力量。

格弗斯 现在来看看《世界的生日》[1]中的故事:《古乐和女奴》[2]是韦雷尔故事系列中已（于1995年）出版的《宽恕的四种方式》的延续。《古乐》是类似模式的"宽恕的第五种方式"吗？抑或它本质上与早前的韦雷尔/耶沃的故事有所不同？

勒古恩 谢谢你谈论新近的作品。很多人都不谈，我也确实厌倦了回答跟我三十年前写的小说相关的问题！当然了，对于那些照例会提的问题，我逐渐形成了能随口说出的漂亮回答，而对于新近的作品，我可能会有些磕巴。《古乐和女奴》是宽恕的第五种方式，它没来得及写完并和前作一同成书。不过，它比前四部作品更凄凉一些。（参见上文"理想主义者"一段。）它是对战争造成的恐怖的哀悼。旧战争，新战争。戈雅的战争。我们的战争。

顺便说一句，我终于为《宽恕的四种方式》和《海路》这样的书想出了一个名称——通过地点和/或主题和/或人物真实联结起来的故事。这样的书就是"故事套系"，类似于巴赫的大提琴组曲。故事套

---

1 指《世界的生日及其他故事》整部书。
2 中文版收于《寻获与失落》。

系是一种很常见的形式，尤其在科幻小说中，我希望（做梦吧！）它能得到认可，而不是被贴上标签，被当作小说集而遭到摒弃，当然也不是"拼盘"，而是被视为一种真正的小说形式，它本身便如此构思，而非临时拼凑，本身就具有耐人寻味的复杂美学。

格弗斯 《在卡亥德长大》（"Coming of Age in Karhide"）出人意料地直接回到《黑暗的左手》的世界。它是那部著名小说的续作，还是它的人类学注脚？

勒古恩 好吧，短篇小说不可能是长篇小说的续作，但可以由它推演而来（推论）——是不是？如果是注脚，我不会说它是人类学的，而会说它是性的。现在似乎是时候让我们直接进入一间"克慕所"了。有一个当地人做向导，而不是一个可怜又局促的地球人，他还在试图搞清形势，并为此深感不安……《左手》让读者体验双重性别的机会非常少，因为伊斯特拉凡大部分时间都在"索慕"[1]期；只有一个简短但很关键的场景涉及克慕，而且大部分都以金利的视角描写。我想将其当作一种自然的、普遍的体验来探讨，而不是一种奇怪的异星球情境。1968年那时候，我和大多数读者都需要金利·艾的视角来居间调和这种陌异感。我认为现在不再需要了。

---

[1] 简单来说，"克慕"是冬星人的发情期，"索慕"则是与其相对的、漫长的非发情期。

（虽则缓慢，然而它确实在移动！[1]）

格弗斯 《赛格里纪事》[2]可能是你后期的地海故事中最具实验性的作品，对性别关系的描写尤为激进，也富有感染力。是什么启发了其中男性人口匮乏的情节，还有促使你决定采用如此多重的叙事声音？

勒古恩 我一直在读相关报道，报道说印度、中国和其他社会有多少女性胎儿被流产，在这些社会里，唯有男婴值得生育，我读到如果这种趋势持续下去，将来会出现男性过剩、女性不足的情况。我不诚实的想象力把情形整个颠倒，营造出女性高度过剩的情况，从生物学角度来说，这当然要贴合实际得多，但从人性角度来说……嗯，这就是想象力真正派上用场的地方。造出一个故事。一组故事。有多少个人，就有多少个故事……因此，或许也就有了各种声音。自1980年代以来，我的许多作品以各种方式用到了多重叙事声音。我由此经常意识到，这种多重性是讲故事的重要工具。此外矛盾的一点是，这么做可能会导致篇幅变短；我还挺喜欢中篇小说的长度。《赛格里纪事》的素材当然足以写成长篇小说，但我喜欢让它篇幅简短，保持暗喻性和联想性。同

---

1 伽利略语。
2 本篇同样收在《寻获与失落》中出版。

一个声音喋喋不休的长篇小说,我已经看够了……

格弗斯 O星球故事——《山路》("Mountain Ways")和《未选择的爱》("Unchosen Love")——(像前文的《另一个故事》[1]一样)其背景是这样一个社会:它分为两个复杂的"基族"[2],实行一种极其烦琐的婚姻制度。其中的四人异-同性婚姻是否实用?或者说,这种"婚姻组"[3]制度是不是一种思想实验,一种讽刺或戏仿的构想?

勒古恩 嗯,写这些故事时,我把"婚姻组"看作纯粹的思想实验——一种探索人际关系和情感的工具,令人愉快。我并没单纯把它当作一种讽刺。我们善于让自己的生活变得困难,尤其是通过创造几乎不可能实现的习俗。终身的一夫一妻制异性婚姻就是这样一个奇特的制度,它似乎都不值得再拿来取笑了。当然,如果让婚姻变得更加困难,牵涉四个而不是两个人,牵涉同性恋和异性恋,它就会变得更加有趣。至少在我看来如此。我还觉得所有烦琐的文化构造和习俗都很有趣。毕竟,我是人类学家的女儿。你问"婚姻组"是否切实可行。我不知道。一夫一

---

[1] 即《另一个故事,或〈内海渔夫〉》。
[2] 基族(moiety),此处特定的中文译名,参照《寻获与失落》中的译文(陈楸帆、胡晓诗译)。
[3] 婚姻组(sedoretu),中译名出处同上。

妻制的异性婚姻切实可行吗？我也不知道。我和丈夫结婚四十八年了，这可能是运气使然，也算是一点儿实践。

格弗斯 《世界的生日》这篇，是对西班牙征服秘鲁的重述吗？这个故事是海恩宇宙的一部分吗？

勒古恩 小说中那个社会的某些方面，对秘鲁的印加帝国有所借鉴，社会崩溃的绝对和突然程度，与西班牙人入侵印加帝国时的情况相似，但这并不意味着小说是对那个社会和那一事件的评注。我想，小说有一部分是在深思我们的文化建构同样显著的脆弱性。老实说，我不知道这是不是一个爱库曼故事。可能是。

格弗斯 对你来说，现在最优秀的科幻作家是谁——包括你的女权主义作家同仁和更多其他的作家？

勒古恩 首先，我要列出女权主义同仁，然后是……反女权主义的非同仁？别这样，尼克，让我们跳出鸽子笼吧。如果女权主义是这样一种观点，即在严格意义上的生理差异之外，两性间的差异是一个有趣的研究课题，但尚未有定论，因此不能用作社会倡导或禁止任何癖好或活动的合理依据——我认为这就是女权主义——那么我最近可能没有读过任何非女权主义的科幻作家的作品。你读过吗？总之，我讨厌回答这个"你最喜欢谁"的问题，因为我总会漏掉一些本想提到的人，事后又为之自责。请允许我跳过这个问题，好吗？

格弗斯 一段时间以来，你一直在写的"位面转换"[1]社会学描述令人着迷。你打算什么时候将作品结集成《变化的位面》？还有哪些项目即将揭晓？

勒古恩 谢谢你问到这个，也谢谢你说这些故事是令人着迷的。我一直担心人们会为它们生气。它们确实是我漠视情节的典例。也许还会让我的一些批评家感到困惑，他们看待我的作品就像看待铅锭一样，总觉得其中充满了喜剧性的潜能。不管怎么说，手稿已经寄出，已经到了经纪人、出版商、编辑、命运女神、复仇女神，或谁知道什么人的手里。我希望会有《变化的位面》一书问世。

但在今年9月11日之前，位面的变化并不像现在这样，是不是？[2]

目前，我正努力翻译智利诗人加夫列拉·米斯特拉尔（Gabriela Mistral）的诗歌，她的一大批诗歌。那之后，谁知道呢[3]？

---

1 换乘飞机时被迫滞留机场所带来的种种不适之感，会让人有机会从一个现实"位面"转换到另一个现实"位面"。类似于平行空间旅行。具体见《变化的位面》一书。
2 指发生于当年此日的9·11恐怖袭击事件，恐怖分子劫机撞向建筑。英文"位面"与"飞机"均为plane，所以勒古恩此前将位面与机场联系起来，形成双关。
3 原文为 quien sabe，西班牙语。

我认为我们不会再回到我出生时的状态了,
不会再回到一个男人的世界了。

SONG OF HERSELF
她自己的歌

采访者
布里吉特·休伯

《加利福尼亚杂志》(*California Magazine*)
2013 年春

厄休拉·K.勒古恩说过，她的父亲阿尔弗雷德·克罗伯研究真实的文化，她则创造虚构的文化。事实上，这位作家许多声名卓著的小说，都以错综复杂的想象世界为背景，从爱库曼系列的科幻宇宙，到地海系列的奇幻群岛。

这位不同世界的创造者在伯克利长大。她的父亲是加州大学第一位人类学教授。人类学系所在的校园建筑克罗伯楼就以他的名字命名。克罗伯教授是文化人类学的先驱，如今人们对他印象最深的，是他与伊希的交往和对伊希的研究，当时的人们认为，伊希是加利福尼亚雅希部落的最后一人。他甚至一度被称为"北美最后一个原生印第安人"。

事实上，这正是勒古恩的母亲西奥多拉·克罗伯所写的《伊希在两个世界中》一书的副书名，她在伯克利读研究生时认识了勒古恩的父亲。这本书让她一举成名。近日，加州大学出版社推出了《伊希在两个世界中》的50周年纪念版，本书销量已超过100万册。

在离校园不远的拱门街上，勒古恩和她的三个哥哥在伯纳德·梅贝克设计的住宅中长大。在她的记忆中，那儿的生活"悠闲、丰盛"，家中充满"有趣的大人们"的交谈，这些人包括高校学人、知识分子和加州各印第安部落的成员。

《加利福尼亚杂志》采访勒古恩时，她正准备来伯克利校园做2013年阿韦纳利讲座。此次活动由汤森人文中心主办，主题为"小说能做什么？与厄休拉·勒古恩对话"。

以下是我们与这位伯克利本地人的对话记录，成稿经过编辑，文中谈及孩提时、做母亲时和身为祖母时的经验——简而言之，谈到了成长和变老。

休伯　　回到伯克利是否会唤起你汹涌的回忆？

勒古恩　　我在二十世纪三四十年代长大，那时的伯克利是一座小小的城市。它还没有后来那副极左、自由、独立的声名。它只是一个相当传统的大学城。一个非常适合孩子生活的地方。我可以去任何角落。我和我最好的朋友在校园里四处游戏。那时校园还没完全建成，你知道吗？有很多草坪和森林，草莓溪就像一条野外小溪。是玩耍的好地方。

休伯　　那时的伯克利，是不是也有些波希米亚风？

勒古恩　　有波希米亚成分，但也的确相当中产。伯克利的中产阶层并不像美国中西部的那样刻板；伯克利的自由度总是很高，三四十年代，这里自然挤满了欧洲来的难民，因为伯克利大学出台了一项好政策：接收躲避希特勒或墨索里尼的知识分子。我相信，大量欧洲杰出人才的涌入，或许让这座城市更加活跃了。

休伯　　你如何评价你父母的亲子方式？他们是如何养育你的？

勒古恩　嗯，我觉得他们做得好极了。（笑）他们很有爱心，很有耐心，但并不过度保护。我不是很叛逆，因为没什么可叛逆的。做个好女孩因此相对容易。我有三个哥哥，这也很酷。

休伯　　在家里，孩子们会加入餐桌边的谈话吗？

勒古恩　只要我们年纪够长。我想五岁前，我们都在楼上和伯祖母贝特西一道吃饭，她和我们共同生活。大概五岁起，大人就认为我们可以上台面了。然后贝特西就和我们一起下楼吃饭了。（笑）晚餐时大家都在，也总会交谈。说到这些，现在的人可能会觉得相当老套。

休伯　　我被你的一段描述打动了——你说到十几岁的那些夏天，你在家中牧场度过，一个人在山上游荡。你说："我想就是从那时起，我开始塑造我的灵魂。"为什么这样的经历对孩子们尤其重要？

勒古恩　在过去的二十多年里，孩子们独处的机会似乎太少太少了。随时有事要做，作业也比我们繁重。但纯粹的独处，空荡荡的一天，别无一事，必须自己安排自己的一天，我认为这对成长中的孩子非常重要。我说的不是孤独。我说的是有选择余地的独处。

如果你是一个非常外向的人，你对此可能并无需求。但如果你是一个内向的人，在我们当今世界，你的空间可不会有太多。你会被社交媒体的那一套社交性驱使。发短信对青少年来说倒是好事。十三岁的我和最好的朋友无时无刻不在讲电话。叽叽喳喳，无止无休。我是说，青少年们都聊些什么？我不知道，但他们必须聊。发短信看来是个好办法，可以保持联系。但我认为重要的是，他们也可以选择暂不联系，撇在一边。如果你总是在和别人一起做他们做的事，你又怎么能知道自己是谁呢？人这一生时时如此，不仅是小时候。

休伯　　所以你主张，我们应该给孩子们更多空间。

勒古恩　　是的，给他们一些空间。给一些空间，让他们做自己，让他们自由发挥，让他们犯错。我自己被给予了很多空间，所以至少我自己深知要珍惜空间。

休伯　　你的父母鼓励你写作吗？

勒古恩　　不完全如此，只是看到我写作时，他们会说："嘿，真好。继续写吧。"但我的环境是非常非常自由的。我会得到鼓励，但绝无强迫。

休伯　　你父亲的人类学家职业与你小说特质间的联系，经常被提及。你认为他的工作对你的工作有什么影响？

勒古恩	我不确定他的工作是否影响了我的工作，因为直到二三十岁，我才开始了解并阅读他的作品。但很大程度上，我更早时就成了作家。我和父亲在智性及气质方面有相似之处。我们感兴趣的，是微小的细节及捋顺这些细节。我们感兴趣的，是人们如何做事、做什么事以及如何解释自己的行事。这都属于人类学的资料。这也是小说的资料。这就是你构筑小说的基础：人与人的关系，人们如何处理彼此的关系。人类学和小说的重合程度是惊人的。
休伯	在你成长的过程中，伊希的故事是你观念中的重要部分吗？
勒古恩	不是，老实说，我对伊希一无所知，直到他们请我父亲写一写伊希的事，他算是把工作交给了我母亲，然后母亲开始研究伊希。那是 1950 年代末。伊希 1916 年去世。我 1929 年出生。我母亲并不认识伊希，那在我父亲生命中也是久远前的事了，我想那并非一段快乐的回忆，因为它的结局。的确不快乐。伊希死于白人的肺结核，这肯定让父亲非常难过。我父亲并未追忆旧日。他不是那种会缅怀往昔的人。我觉得他有一些不想回头面对的痛苦。伊希去世时，他不在国内，而那肯定——毕竟他们是朋友——那感觉肯定不好受，感觉"我让他失望了"。那感觉只是我的猜测。这件事他不想谈，我也不会问起。

休伯　　你怎么看待别人对待伊希的方式，还有他和你父亲的关系？

勒古恩　这是两个分开的问题。先回答一个。据我所知，他们之间的关系是一种深厚的友谊，而这友谊是在他们那种正式关系的奇特限制下建立起来的。伊希是研究合作者和博物馆雇员，而我父亲是教授。记忆中，那是一个气氛拘谨的年代。至于"如何对待"这个更笼统的问题……我得说，我认为他们在当时的情况下已尽己所能了。他们给伊希找了一份工作。他在这个被抛入其中的白人世界里有事可做。还有一个他显然喜欢的住处。他可以和公众见面，尝试告诉他们身为一个雅希人是什么样的。我发现，此事遭受了诸多批评，那些怀着后见之明的人，他们说"天哪，他们是在利用他，事情本可以不同"之类的话。但要说当时另有他人更懂得该如何行事，这一点他们从未说服我。一个令人心碎的故事。

休伯　　你母亲很晚才开始写作。

勒古恩　就职业角度讲，她和我差不多同期开始写作。她先出版了作品。当然，她出了本畅销书——《伊希》是加州大学出版社的第一本畅销书。她说："哦，我一直都想写作，但不想让写作和带孩子彼此冲突，所以我必须先把你们带大。"她就是这么

想的。一旦开始写，我觉得她就几乎每天都写。她喜欢写作。我的父母两人每天都写。我不会，我比较懒。（笑）

休伯　听起来，你的母亲是一位非常坚定、独立、不拘俗套的女性，尤其是在那个时代。她如何影响你，使你成为现在这样的女性？

勒古恩　这很复杂。我母亲并不自称是女权主义者，但她在我十四岁时给了我弗吉尼亚·伍尔夫的《一间自己的房间》和《三个几尼》（*Three Guineas*）让我读。这两本书对一个女孩可说相当震撼。我母亲是一个思想自由的人。她独立思考。她读书、思考、交谈，她是个知识分子，所以我觉得母亲示范给我的，就是一个拥有自由思想的女人选择做妻子、母亲、家庭主妇、女主人——中产阶级女人的传统生活。她喜欢这样的生活，非常喜欢。如果不喜欢，我想她就不会做。她的母亲则是一位非常独立的怀俄明女人。我的伯祖母对我影响很大，她是一个非常独立的西部女性，自有主张。我母系的家人们，大都是坚强的西部女性。很多人都很独立。

休伯　那你觉得你的女权意识源自何处？

勒古恩　在我们那一代，女权运动四处兴起，我虽赶上了早期阶段，但可说还慢人一步。在我们的生活中，关乎存亡的时刻到了。这时刻也很复杂，但在我的有生之年，思想发生了巨大的变革。我认为我们不会再回到我出生时的状态了，不会再回到一个男人的世界了。而且，你此刻在和一位作家谈话。文学曾经是男人的世界。现在依然如此。看看奖项都颁给谁了。这是一场非常缓慢的革命，与流血、杀人、焚烧胸罩之类的事无关。它只是……它即将发生。也正在发生。

休伯　　你在书中写过你如何在写作事业和抚养三个孩子间取得平衡，这听起来像是……

勒古恩　把这称为"平衡"……有时这就像在疯人院。

休伯　　你和丈夫如何分担育儿工作？

勒古恩　这就是我的秘诀，我有这样一个人，他做他的工作，也让我做我的工作，然后我们一起做我们的工作，那就是带孩子。还有料理家务——和我母亲一样，我享受做家务。我并不觉得我把家事打理得非常好，但我能让事情正常运转，并兼顾写作。

休伯　　那么孩子小的时候，你是在晚上写作吗？

勒古恩　是的，你只能如此。如果你在家带孩子，你就得负起责任。除非你有用人什么的。

休伯 我想问《寻找我的挽歌》(*Finding My Elegy*)中,有一首诗是《写给女儿的歌》("Song for a Daughter"),开头是:

> 我孙女的母亲,
> 请听我的歌:
> 母亲总是不对,
> 女儿总是没错。

你能告诉我这首诗的灵感来源吗?

勒古恩 是问这首诗是怎么回事?当你的女儿有了女儿,她的女儿让她陷入麻烦,你就会想"哦天哪"。就像车轮转动。你对愤怒的四岁孩子的感觉是这样:你想扭断他们的脖子,你又非常爱他们……就像看着一代又一代人,重复着我们给彼此的痛和爱,以及事实是,孩子总是不对,也总是没错。我就是这样获得灵感的。所以这是一首祖母的诗。这首诗写了三代人的故事,当然,也跟我的母亲有关,我相信她有时会觉得,我总是做不对任何事。但她从没这么说过。她让我觉得我做得还不错。

休伯 与写作生涯初期相比,你现在对未来的希望是多了还是少了?

勒古恩　老年并不会让人怀抱希望。这不是一个关于希望的人生阶段。青年才是。肯定充满了希望。而到了老年——你目睹了太多的事物被损毁，就更难怀抱希望了。你眼睁睁看着你的族群毁掉了自己的栖息地，就像我们现在这样，要保持希望可并非易事。但我也意识到，这就像我们在谈论性别和男女相对地位方面巨大的社会变化一样。这些变化缓慢得令人痛苦，但它们已然发生，且仍在进行。所以，希望还是有的。

休伯　你现在在忙什么？

勒古恩　我现在不怎么写小说了。我想，我今年发表了一个短篇小说。大多时候在写诗，我喜欢在我的网站上写博客，这对我来说是个新点子。有很多信息要了解，到了我这个年纪，精力也不如从前，所以没法像以往做那么多事。我肯定有遗憾，但这就是生活。

休伯　你为什么喜欢写博客？

勒古恩　我从葡萄牙的诺贝尔奖得主若泽·萨拉马戈那儿获得了灵感。他八十五岁和八十六岁时，还在写博客。写得很棒。有些是政治相关的，有些是纯思想性的。我想："哇。这形式短小，而且很自由。或许我也可以写。"博客可以是你想要的任何东西，所以对于精力不足以写小说的我，它十分有用。老实说,写小说很耗力气。工程浩大。即使是短篇小说,也需要大量精力,八十多岁时,你精力已相当有限。几乎见底。所以你要充分利用你仅有的。再者还有诗歌,它总是一件幸事。我一辈子都在写诗,所以我很高兴它还与我同在。

休伯　你想过写一本回忆录吗?

勒古恩　回忆录?不。我就像我父亲——我对谈论我是谁不感兴趣。我更想探寻我是谁。(笑)继续前行。

有时看到一些蹩脚的作家获得各种文学荣誉,
而我知道自己写得比他或她好,我的鼻子就会不舒服。
不过,只要是作家都会有这种体验。

THE LAST INTERVIEW: HOMEWARD BOUND

最后的访谈:回家的路途

采访者
大卫 · 斯特雷菲尔德

2015—2018 年

厄休拉·K. 勒古恩居住的波特兰社区，正是你料想中的那种。其中有各家奇妙的咖啡馆、一所图书馆、一间文学杂志的办公室、一个自觉怪异而取名为"奇特元素"的商店、一家杂货合作社、各种气氛友好的酒吧和价格实惠的餐馆——以人的尺度展现出文明的种种便利。勒古恩家所在的街道从河边开端，横穿商业中心，经过一个"此路不通"的警告标志后急速升高，穿过一个对巨怪来说都会太深的峡谷，然后就到了她家。这栋房子建于1899年，身在里面感觉比外面看起来要大。森林就在几步之遥，是全国最大的城市荒野。我闻到玫瑰花香，留意到手工印刷的标牌："请不要放猫出去！！"敲敲狮头门环，就获准进入客厅了。整齐的书架上摆放着一整套狄更斯作品、她钟爱的卡尔维诺的《宇宙奇趣全集》、一本名为《超越时空》的巨型大部头，还有一本满是四百年来的学生涂鸦的奥维德作品。墙面上展示的是风景，而非获奖证书。窗户中也展示着风景——威拉米特河，再远处是圣海伦山。这是一间秩序井然但略显简朴的房间，抛过光的木地板，透入些许晨光，除了台灯，再无科技产品。

从2015年夏天开始，我五次和勒古恩同坐在这个房间。2018年初，当她最后一次病倒时，我们正计划着第六次会面。形式始终如一：我们各自坐在扶手椅上，中间隔着壁炉的宽度。岁月的摧残意味着她只能静坐一小时，而我尽力让自己不要超过时限。我总会随身带着她的书，以供引用或参考。早期的书的封面是纸浆作品的那种俗丽风，偶尔也有好看的。勒古恩经常轻笑——这个世界让她开心——但要觉得我误解了什么，她也不会轻易放过。

帕德是一只毛色黑白相间的猫，勒古恩在博客上记录了这只猫的滑稽行为，它会趾高气扬地经过。相伴六十年的丈夫查尔斯一直在家，但从不露面。"他很害羞。"她解释说，"他不喜欢和他所谓的'我的人'打交道。他有他自己的人。"晚间，她和查尔斯坐在这两把椅子上，读书给彼此听。查尔斯会先读诗歌（有一次我在场，他读西奥多·罗特克的诗），然后勒古恩读散文（理查德·亨利·达纳的航海史诗《桅前两年》）。她会喝上一杯醇香的斯佩塞德威士忌。佐治亚州来的查尔斯则会喝波本威士忌。

《纽约时报》和《洛杉矶书评》刊登了我们谈话的摘录。在发表前，她有时会对引文进行修改或扩充。偶尔，她也会软化自己对那些批评对象的观点，比如同样有幸被美国文库收录作品的菲利普·罗斯。在下文中，我回到原始录音带，把我们的谈话整理成一份定本记录，为清晰起见，分成两部分。

第一部分

斯特雷菲尔德　我细看了这里的书架，一本你的书都没看到。

勒古恩　楼上两间卧室的书架上都摆满了，每个版本一本。这么多不同的版本。(笑)我之前整理过两回自己作品的不完整书目,上一回整理是几年前了。最近有人要我列书目数量。别人告诉我是四十七种。我说,肯定不止。我查看了自己网站上的书目,只有主要书目,没有小册子。一共有六十本,比我想象的要多。我搞不清了。

斯特雷菲尔德 我也搞不清。我很了解你的作品,但前几天晚上,我读了一篇从没读过的,我猜属于1990年代初的行为艺术。它讲的是一个其实是男人的女人的故事——因为你出生的时候,男人还不承认有女人这回事。这本书还写到了年岁增长,尤其写到了"蓄须、用枪、多妻、写小短句"的海明威。狂乱得颇有趣味:

> 海明威宁死也不愿变老。他做到了。他开枪自杀了。小短句。比起长句,什么都好,生命的句子。死亡的句子很短,还非常非常男子气。生命的句子[1]不一样。它们滔滔不绝,充满句法、限定分句和令人困惑的引文,还会持续变老。这是我作为一个男人有多么差劲的明证:

---

[1] 双关。"死亡的句子"原文为"death sentences",也意为"死刑";"生命的句子"原文为"life sentences",也意为"无期徒刑"。

> 我甚至都不年轻了。就在他们终于开始发明女人时,我开始变老。我继续如此。真恬不知耻。我任由自己变老,却毫无作为,不管是用枪还是什么。[1]

勒古恩　　（笑）我写这个的时候状态不怎么好。我猜是六十出头吧。现在我更老了。老了很多。我还是没有枪。

斯特雷菲尔德　　现在,变老感觉怎么样?

勒古恩　　让我烦恼的不是衰老带来的形而上的疲惫。而是身体上的疲惫,它让你无法振作精神。如果你生过大病,那感觉就近似于此。你就是无法自如应对。这就是我不再公开露面的原因。我是个蹩脚的演员。喜欢在观众面前现身。但我做不到了。

斯特雷菲尔德　　即便身为年轻作家时,你也能捕捉到古老的事物。我变老得也很快,其间我一直在回味《革命前一天》("The Day Before the Revolution")这个短篇小说。女主人公奥多行动不便,思维也有障碍。

---

[1] "Introducing Myself." Appearing in *Left Bank*.——原注

勒古恩	年老时，你会发现以前能做的事你没法做了。对于变老，我现在有了更多了解，也觉得很有必要写一写。部分是因为小说中的老年人不多，而他们和年轻人一样有趣。另外，我认为像若泽·萨拉马戈或我这样八十多岁还在写作的作家——即便我只是在写诗——也有一定的责任做些亲身书写。我们在见证的，是一个大多数人未曾身处的境地。你多大了？五十四，还是五十六？相信我，那是你未曾经验的境地。你可能觉得自己也在变老，但你还有很长的路要走。
斯特雷菲尔德	看起来，会是一段漫长的下坡路。
勒古恩	"很长的路"并没说是上坡还是下坡，对吧？就只是还有很长的路要走。我既不是乐观主义者，也不是悲观主义者。我只是实话实说。（笑）身为艺术家，也需要一定程度的自大。
斯特雷菲尔德	对于小说家，我们的期望是他们永远写下去。而没人希望外科医生到了九十三岁还给人做手术。读者总想要读到更多。
勒古恩	萨拉马戈八十多岁还在写作，这让人惊讶极了。不得不说，他给我留下了深刻的印象。他是一个不寻常的例子，一个相当不寻常的作家。他后期

的几本书比许多年轻作家的小说都要强。《大象旅行记》是一部完美的艺术品，非常有趣。

斯特雷菲尔德 这个房间里，我看不到任何散发高科技气息的物件。

勒古恩 我有一个网站。我写博客。我收发电子邮件。但我尽量保持距离。互联网只会招来人们的废话。

斯特雷菲尔德 就我所知，你是唯一一个就自己所住街道写了一本书的作家。

勒古恩 书名叫《蓝月照在瑟曼街》(*Blue Moon Over Thurman Street*)。书中有罗杰·多尔班德（Roger Dorband）拍摄的一系列精彩照片。这条街几十年未曾改变——它发端于码头和工业区，穿过贫民窟和小企业，再经过工人阶级区和中产阶级区，最后收尾于远足小径。这条街概括了美国，至少概括了波特兰。瑟曼街将河流和生长树木的山丘联系在一起。

斯特雷菲尔德 而后突然间，一切都变了。

勒古恩 1993年我们写完这本书后，突然兴盛起来了！这条街变得高档了。所有空地都被填平。他们甚至把沿河的部分改成了单行道，切断了瑟曼下街和瑟曼上街的联系。这难以置信地在表面意义上,反映出美国不再是一个地方,而是两个地方,一个是富人的地方,另一个是穷人的地方。这种分裂似乎并未影响到任何人。这同样反映出美国的现状。

斯特雷菲尔德 你第一次搬来这里是什么时候?

勒古恩 1959 年。这栋房子是邮购的。西尔斯·罗巴克公司寄来了图纸,当地的木匠用当地的木材建造了它。隔壁那栋,是同款房子外加一整栋翼楼。这个社区最初是中上层阶级区,是为企业主之类的人开发的。我们来的时候,这儿已相当破败,成了中下层或上层工人阶级的居住区。那时我们还年轻。查尔斯是一名助理教授。我们没什么钱,正要组建家庭。这是一幢坐落在山上的漂亮的大房子。我们大摇大摆地走进来,说:"哦耶!"你知道我们花了多少钱吗? 1.25 万美元。现在大约值 50 万。

斯特雷菲尔德 瑟曼街到处都是可以消磨一下午甚至一辈子的地方。我在林中空地咖啡馆喝了一杯很棒的咖啡。

勒古恩 我不知道这家。一定是新开的。好手酒吧还在,总是在的。查尔斯是佐治亚州来的,所以没有去酒吧的习惯，但我们以前不时会去好手。现在我们不怎么喝啤酒了。我不知道现在谁去那儿。时髦的人不会去。

斯特雷菲尔德 这些年来，你获得了很多荣誉和奖项，最近获奖的节奏有所加快，但在你的崇拜者中，有一种感觉是，你还未得到应有的回馈——你的影响和成就才刚刚开始见诸榜单。

勒古恩 是的，我的影响很大。但我是以类型作家的身份发表作品的，当时类型小说还不算文学。你能说什么呢？我没有遵守当时的文学规则。我写的不是文学。我写了类型小说。我付出了代价。唐·德里罗，他毫无疑问是个文学作家，比我更有资格获奖，因为我发表的是类型小说，而他不是。另外，他是男人，而我是女人。

那是三十年前的事了，显然伤口还没愈合。1985年，勒古恩出版了《总会归家》，讲述了加州纳帕谷的人们的故事，她喜欢说："这些人可能会活到很久很久以后。"这是她最长的小说作品，也是她最不依循常规的作品，她用了短篇小说、原始民间故事、诗歌、术语列表、戏剧作品、插图、地图和模拟历史记录，来描绘一个可能是乌托邦的社会。该书以盒装形式发行,并附一盒磁带,磁带中的音乐和歌曲是故事的必要组成部分,但此书销售不佳。对于科幻小说来说,它太过主流文学;而和主流文学相比,它又更像科幻小说。不过,它也确实成为国家图书奖小说奖的三部入围作品之一。德里罗凭借《白噪音》最终获奖,该书讲述的是一个空气传播的有毒事件,借鉴了科幻小说的某些主题。2019年初,美国文库计划出版《总会归家》,作为其权威的勒古恩作品系列的第四卷,这也对她最初对这个故事所寄予的希望给予了肯定。

斯特雷菲尔德 你是个开拓者。

勒古恩 记住,永远记住:你在和一个女人说话。对一个女人来说,获得任何文学上的奖项、荣誉和关注,都要花费漫长而艰巨的努力。如果她执意公然藐视传统,写科幻、奇幻和难以归类的作品,那么,你知道结局会是怎样。

斯特雷菲尔德 现在情况有改善吗?

勒古恩 我时而会——嗯,不是嫉妒,因为我不想要名望,一点儿也不想要。不完全是嫉妒。但有时看到一些蹩脚的作家获得各种文学荣誉,而我知道自己写得比他或她好,我的鼻子就会不舒服。不过，只要是作家都会有这种体验。

斯特雷菲尔德　根据我的经验，作家们想要的总是和他们所拥有的反着来。如果你的作品卖了一千万册，你就想得诺贝尔奖。得了诺贝尔奖，你又想让书卖出一千万册。

勒古恩　人的天性。

斯特雷菲尔德　不过，你最近还是获得了很多荣誉。有 2014 年美国国家图书基金会美国文学杰出贡献奖，美国文库也即将出版你的作品。

勒古恩　我认为这些荣誉并不过分。我认为这是我应得的。对此我欣然接受，它们对我也很实用，增强了我的自尊心，而我的自尊心随着年纪渐长似乎有些摇摆不定。尤其是在国家图书基金会的演讲中，知道人们在聆听我说话，我很开心。

斯特雷菲尔德　你在演讲中描绘了一个暗淡的前景，但也说艺术家可以帮助我们走出困境："艰难时世即将来临，我们需要作家的声音，因其能看到我们当下生活方式之外别样的可能。"这篇文章在网上疯传。

勒古恩　我当然没预见到会出现唐纳德·特朗普。我说的艰难时世比这更为漫长。三十年来，我一直在说，看在上帝的分上，我们正在把世界变得不宜居住。是四十年来！

这一如既往是作家的工作，也许是首要工作：向我们展示我们不想要的未来，以及我们想要便能拥有的未来。对我来说，演讲中最关键的一句话是："我们生活在资本主义中，它的势力似乎避无可避——但君权神授同样如此。"我们可以改变自己的生活。

斯特雷菲尔德 演讲稿得来容易吗？

勒古恩 演讲稿写了几个月。有人暗示我，演讲应该简短一些，我一直在努力做到简短。他们想让仪式加快，因为作家们总会喋喋不休。

斯特雷菲尔德 美国文库是出版界的瓦尔哈拉神殿[1]——有你笔下的主角海明威，有伊迪丝·华顿、亨利·詹姆斯。只有少数当代作家在世时有此荣誉加身——小说家中的尤多拉·韦尔蒂和索尔·贝娄，诗人中的约翰·阿什贝利和比尔·默温[2]。哦，还有菲利普·罗斯。

勒古恩 奇怪的组合。（轻笑）

---

[1] 北欧神话中死亡之神奥丁款待阵亡将士英灵的殿堂。

[2] 指 W. S. 默温。

| 斯特雷菲尔德 | 我就猜你不是罗斯的粉丝。 |
| 勒古恩 | 我一直试图读他的作品。我读不下去。总之,文库联系我时,我并不知道他们收藏的在世作家的数量是如此之少。引起我注意的是,他们再版了菲利普·迪克的部分作品,分三卷,有十几本小说。我想:"啧啧啧。古老的类型小说之墙真的倒塌了。"但我最初并没有意识到活人和逝者之间的区别。|

我是个研究法国的学者,或者自以为是。所以我知道法国也有经典作品系列,七星文库(*Pléiade*)。我认为它们是神圣的。它们是伟大的法国文学的完整作品集——用非常非常薄的印度纸作内文和金色书皮作装帧的精美书籍。

在美国,成套的作家作品并不算什么。从小我家就有一大套马克·吐温的书。我的经纪人对和美国文库打交道有点儿担心。"他们不付稿费。"她很不屑。我说:"金吉,别这样!典雅!荣耀!"她说:"嗯,是的,当然。但还是要说,他们不付稿费。"那是因为他们收录作品的大多数人都死了。但我不是为了钱。我得哄着金吉替我处理一些我谈好的生意。她是个优秀的经纪人。她的工作就是赚钱。但我喜欢制作精良的书,美国文库的书就是这样。而且编辑工作看着也很认真细致,无人能及。

斯特雷菲尔德	你1979年的长篇小说《马拉夫雷纳》，还有设定在你称之为"奥西尼亚"的其他短篇小说，如何成了你在美国文库出版的第一部作品？说到勒古恩，大多数人首先想到的小说，写的不会是一个想象中的19世纪国家。
勒古恩	我欺负他们，让他们先做奥西尼亚系列。我没意识到我在欺负他们，但我确实是。他们对此反应友善。他们一上来就立即要科幻，科幻小说，我觉得，好吧，美国文库是个文学系列，而我五十年不改的观点是，写得好的科幻小说就是文学。不过，这并不是我作品的全部，我厌倦了总是把"科幻作家"放在首位。不，我不是科幻作家。我是个作家。我写长篇小说、短篇小说和诗歌，各种类型的。如果只是再版大家一直在重出的那些东西，那些我老早以前写的旧作，我并无兴趣。
斯特雷菲尔德	你搞得美国文库都由着你来了。
勒古恩	我有什么损失？
斯特雷菲尔德	五十年前你也是这样。
勒古恩	还真是的。其中有一些与生俱来的傲慢。我想按自己的方式行事。人们总想把我归类，把我挤出文坛，让它见鬼去吧。（轻笑）我不会就范的。

斯特雷菲尔德	你和出版商打交道的方式甚至也是这样。
勒古恩	很多书写身为作家这回事的文章，写的都是你必须照着他们的路子来。在我的整个职业生涯中，我从来没有——有也是非常非常罕有——为一部还未写成的作品谈过任何交易。我写出来，然后卖掉。这在五十年前并不少见，但现在却很稀奇。我不承诺交付作品。人们会问，你愿意给我们写一个短篇小说吗？我可能会，但我不会签任何合同。我绝对不为任何未写的作品签约，绝不。我早前的经纪人弗吉尼亚·基德就这样对我好几次，我让她见鬼去了。我不应邀约写作。我依照私人和内心的要求写作。我的大多数作家朋友都会要一个截止期限。我写非虚构作品会要一个截止期限。"你什么时候要这个？"但涉及我内心的东西，涉及小说和诗歌时，我要求非同一般的海量的自由。
斯特雷菲尔德	《马拉夫雷纳》和奥西尼亚系列故事的读者一直在努力探索它们，有时甚至是字面意义上的"定位"。奥西尼亚看起来像匈牙利，但你曾暗示过是捷克斯洛伐克。似乎也可能是波兰。
勒古恩	故事发生在一个想象中的中欧国家，但又在欧洲历史的框架内。这让人们感到困惑。你怎么称呼这些故事？这不是架空历史，因为它就是

欧洲历史。它没有既定名称。我就是这样做的。《马拉夫雷纳》的部分内容可追溯至几十年前,也就是我职业生涯的初期。1960年,我把奥西尼亚系列的第一篇小说《致音乐》("An die Musik")卖给了《西方人文评论》(*Western Humanities Review*)。同一周,我卖出了第一篇奇幻小说《巴黎四月》。我的两匹马都跑起来了。奇幻小说稿酬更高。

斯特雷菲尔德　我喜欢《总会归家》里的一句话:"一本书是一种行为;它发生在时间里,而不仅仅是空间里。它不是信息,而是关系。"在二十世纪六七十年代,你的书看起来是这样,它们看起来像——原谅我——逃避现实的劣作,从平装书架上买来,无人点评,在使用后被当废品处理掉。而现在,它们会被印在那些高雅、朴素的美国文库图书上,用无酸纸,可永久保存,或说保存很久。然而,故事还是同样的故事。

勒古恩　故事还是同样的故事。这对我来说才是最重要的……

她翻阅着我带来的几本书。1967年爱司出版社的《幻象之城》平装本封面上,是朦胧的人物和火箭飞船,写着一句:"他是人类的流星,还是来自群星的定时炸弹？"在《罗坎农的世界》这本1966年的爱司双联本的其中一半上，一个手持火炬的男人正骑着一只带翅野兽在外太空遨游。简介写道："无论他走到哪里，他的超级科学都使他成为传奇人物。"

勒古恩 和我手里的一些封面相比，这些封面其实相当不错。爱司出版的《地海巫师》平装本就很糟糕，封面上，阴影跃上了格得的肩膀。

我的书已经超越了它们在爱司的初版，超越了它们的前身。它们来自一个不错的工人阶级家庭。我丝毫不为它们的出身感到羞愧，但也不像有些人那样为它们着迷。有些人对纸浆小说十分着迷——25美分一本书这样的想法，有些邈远，有些迷人。我正在重读迈克尔·夏邦的《卡瓦利与克雷的神奇冒险》。迈克尔对漫画书这类事物非常着迷。这完全可以理解，我也很喜欢他的这种着迷，但我的思维不是这样的。我更迷恋内容。表现形式？那只是必备的元素而已。

斯特雷菲尔德 你对现在的电子书有什么看法？2008年，你曾为《哈珀斯》撰文，谈了所谓"阅读的衰落"。现在看来，那篇文章似乎预言了实体书的可靠性和持久性:"如果一本书在你十五岁时告诉了你一些事,那么当你五十岁时,它还会再告诉你一次,尽管那时你的理解可能会大相径庭,似乎你在读的是一本全新的书。"

勒古恩　当我开始写关于电子书和纸质书的文章时,很多人都在喊:"纸书已死,纸书已死,都要电子化了。"我都听厌了。我想说的是,现在我们有两种出版方式,我们都会用到。我们以前只有一种,现在有两种了。这有什么不好?如果能用不同的方式做事,生命就能存活更久。我想在这一点上,我一直比较坚定。但我说话的语气可能变了。我在逆潮流而行。我听过一个笑话。你知道古腾堡继《圣经》之后出的第二本书是什么吗?是一本关于"书已死"的书。

不过就我个人而言,我讨厌在屏幕上阅读。我没有电子阅读器。

斯特雷菲尔德　说到 Kindle,你素来都直言不讳地批评亚马逊。

勒古恩　他们的控制欲让我感到害怕。我希望人们担忧一下这家公司对出版内容的控制程度。亚马逊设定了标准——如果它感兴趣,出版商就会增加印数;如果不感兴趣,印数就会减少。杰夫·贝索斯把所有枪都握在了他手里。我不想在这儿用上战争意象,不想把一切都看作战争,

	但我不知道还有什么其他意象好用。
斯特雷菲尔德	有些作家向我抱怨亚马逊,但不愿公开说,因为他们认为那会有损于自己的职业生涯。也有人说,他们根本不觉得亚马逊有什么问题。
勒古恩	亚马逊非常聪明,它能让人们喜欢它,就好像它是一个和善的叔叔。我不指望能赢过它,但我还是要说出我的想法。我不敢说出自己的想法的时候,就是我真正被打败的时候。他们打败我的唯一办法就是让我噤声。我还是要多出来喊上几声。
斯特雷菲尔德	你和菲利普·迪克是二十世纪六七十年代最伟大的两位科幻小说家。小时候你俩住得不远。都就读于伯克利高中。1947年一起毕业。你在1971年写了《天钧》,菲利普·迪克自己从未写出过的最好的菲利普·迪克式小说之一。你在《新共和》上称他为"我们本土的博尔赫斯"。他在公开场合对你赞誉有加,私下里却不太待见你。你们在书迷杂志上因为他对女性的描写而争论不休,他在最后一部小说《主教的轮回》中塑造了安吉尔·阿彻这个光彩照人的角色,并将此归功于你。她是他笔下最为复杂的女性角色。我猜有一天

会有专著论述你们对彼此的影响——然而现实中你们从未谋面。

勒古恩 他是个自我封闭的人。在伯克利读完了高中，都没人认识他。我很害羞，但学校年鉴上有我的照片。却没有他的。他会把别人吓跑。他把他的几任妻子都吓跑了。他是个独行侠——极富野心，有很深的自毁倾向。

斯特雷菲尔德 他把你吓住了。他想在1970年代初遭遇人生低谷时来拜访你。他试图向你保证，你听到的传言不是真的。他写道："我发誓，我可以进行文明、理性的谈话，而不会打破别人最喜欢的台灯。"

勒古恩 我很怕他会突然出现。我的孩子还小。

斯特雷菲尔德 你在1974年写给小詹姆斯·提普垂[1]的信中提到迪克："我们都怕死对方了。我想我们每个人都是对方的潜意识。"然后你补充道："我想，天才往往都是不可抑制的，不是吗？"

勒古恩 有人认为那是菲利普晚年的一次"神秘突破"，在我看来更像是精神崩溃。不过，他的头脑依

---

[1] 小詹姆斯·提普垂（James Tiptree, Jr., 1915—1987），美国科幻和奇幻作家。原名爱丽丝·布拉德利·谢尔顿。她从1967年开始一直使用这个笔名发表作品，直至去世。直到1977年，她女性的身份和本名才被公众知晓。2012年入选科幻名人堂。

然很杰出。但他的作品并不像我希望和以为的那样耐读。

斯特雷菲尔德　哦,不会吧!

勒古恩　我给对开本书社(Folio Society)版本的《高堡奇人》写过一篇序言,重读时我被小说的笨重所震撼。其他一些本来很喜欢的作品,我现在觉得很难重读了。我不敢重读《银河锅医》(*Galactic Pot-Healer*),这是我私心最爱。《阿尔法卫星上的家族》曾让我深深着迷,现在看来却很残酷。他书写女人的方式相当蹩脚。

斯特雷菲尔德　在伯克利高中旁边的一条街上有一个杂物箱,一面谨献给你,另一面谨献给迪克,学校最著名的两位毕业生。

勒古恩　我从没听过这事。学校很大。除了我们,肯定还有其他有名的毕业生。

回家后,我给她发了照片。杂物箱维护不佳,上面还有涂鸦。第三面是剧作家桑顿·怀尔德。第四面是一位毕业还没多久的漫画家阿里尔·施拉格。勒古恩回信说:"哇,我也有纪念碑了。不好说,但看起来我好像长了胡子。这敢情好。我从来不知道桑顿·怀尔德在伯克利高中念过书！我一直很喜欢他的作品。学无止境啊。"

斯特雷菲尔德 我住在伯克利附近,你好像经常在此出没。你父亲曾是加州大学的教授。校园里的一幢大房子就以他的名字命名。你每年都会回到位于纳帕谷的家族牧场,离这儿不远。帕纳索斯出版社(Parnassus Press),《地海巫师》最初的出版商,就在伯克利。

勒古恩 我是在伯克利拱门街1325号,山上的一栋房子里长大的。那是一个中下阶层社区。现在那栋房子可昂贵了,靠近古尔莫美食区和潘尼斯之家。我就这栋房子写过一篇文章,《生活在艺术品中》("Living in a Work of Art"),讲述了它1907年如何由伯纳德·梅贝克设计,讲述了对一个孩子来说,这是一个美妙但时而吓人的地方。你走过去之后很久,地板还会吱吱作响。这栋房子是一个复杂的空间,甚至是一个道德空间,对我产生的影响,我近来才开始有所理解。我家拥有这栋房子长达54年,直到1979年我母亲去世。

我既属于又不属于湾区。我在那儿长大,但十七岁离开后,就再没长住过。我去也只是客居,和家人一起度夏。有一阵子我的朋友和亲戚遍布湾区。但我从来不是加州文坛的一分子——"垮掉的一代"之类的。旧金山曾有过辉煌岁月，但我从未在任何一家书店感到像在城市之光书店那样不受欢迎。哦，他们可真是讨厌。

斯特雷菲尔德　是吗？他们在售的你的书，比湾区任何一家书店都多。

勒古恩　那是二三十年前的事了。他们非常男性导向。拜托。我并不反对城市之光书店。他们很棒，我很高兴他们在，也很高兴他们能继续经营下去，但以前去那里并不愉快。是一种暗地里的势利眼。他们让你觉得自己像个中年家庭主妇，因为他们是如此自由，而旧金山是男人的天下。那么，若你的确是一个中年家庭主妇，你该如何自处呢？"垮掉的一代"写下各种成瘾的情节，对女性并不怎么样。

斯特雷菲尔德　我从不认为你和"垮掉的一代"同时期，但你确实是。杰克·凯鲁亚克比你大七岁，艾伦·金斯堡只比你大三岁。相比"垮掉的一代"，你笑到了最后。你还活着。

勒古恩　做家庭主妇，不沾毒品，让你在各方面都可能活到八十岁，生活狂野的人却没法如此。"垮掉的一代"中很多人都英年早逝。伟大的幸存者是加里·斯奈德。他不碰毒品。

斯特雷菲尔德 需要有人写一本关于帕纳索斯出版社的专著，《地海巫师》等作品的出版商。人们对他们知之甚少。

勒古恩 他们之所以被称为帕纳索斯，是因为1950年代末他们在一条名为帕纳索斯的街道上创业。当时只有赫尔曼·舍恩和他的妻子露丝·罗宾斯。他们在1964年出版了我母亲的书《伊希：部族最后一人》(*Ishi: The Last of His Tribe*)。他们就这样发现了我。赫尔曼脾气暴躁，很难相处。他问我愿不愿意给青少年写幻想小说。我说我不可能写。然后他说："哇哦，我有个主意。"负责插图的罗宾斯很可爱。她和赫尔曼都很快理解了主人公格得不是白人。赫尔曼英年早逝，露丝把出版社卖给了霍顿·米夫林。作为一家儿童出版社，他们从未获得应得的荣誉。他们做的书很漂亮。

斯特雷菲尔德 《地海巫师》似乎充满了湾区的气息——山丘、雨水、雾气，感觉不会离海洋太远。我很喜欢《生活在艺术品中》的一句话："湾区非同寻常的光线，由内陆阳光和海面反射的光芒融合而成。"我总想象，地海世界就是这样。

勒古恩　　地海世界的首都黑弗诺就以旧金山为原型。我在伯克利的卧室里就能看到它，相距遥远。那时候，世界更大。那时候是指海湾的金门大桥建成之前。去旧金山还要坐渡轮。那可称得上是一趟远征，而不是通勤。

斯特雷菲尔德　　你和英国传奇导演迈克尔·鲍威尔合作过地海故事的剧本。我想那是1980年代初的事了。

勒古恩　　这个剧本是个奇迹。他联系我，说他喜欢这些书。我们把前两本书，《地海巫师》和《地海古墓》放在一起。剧本以庄严的鲍威尔节奏推进。故事老套，是英国的校园故事。放在那时，还可以把它拍成电影。现在我觉得不行了。太幼稚了。

斯特雷菲尔德　　关于儿童阅读《地海巫师》的适宜年龄，争论颇多。

勒古恩　　帕纳索斯初版上写着"11岁及以上"。他们很快就删掉了，因为就在那时，出版商们发明了"青少年"[1]一词。YA成了一种公认的出版类型，赫尔曼·舍恩意识到，这本书的分类应该

---

[1]　原文为 young adult，缩写为 YA。

是 YA，而不是"11 岁及以上"。但我还挺喜欢"11 岁及以上"。很多九岁的孩子都读过《地海巫师》。我不认为九岁的我能看懂这本书，但现在的孩子总是很成熟。书中谈到了成人间的关系，这对孩子来说可能会很无聊。我也说不好。

斯特雷菲尔德 英国的海雀出版社（Puffin）刚刚出版了一部新的《地海传奇》总集，收录了前四本书。正文后有一些补充材料，似乎是为年纪很小的读者准备的。

勒古恩 年纪小或傻傻的。我跟海雀出版社的编辑讨论过这个问题。她说："学校需要它。"如果这是真的，那英语学校可是今非昔比了。不过，编辑说学校需要，你就没法反驳了。我讨厌所有的后缀材料——"给你的读书小组的问题"之类的。我就是看不得这些。

斯特雷菲尔德 受人尊敬的评论家约翰·克鲁特（John Clute）说，每本科幻小说都暗含着写作当年的时代背景，反映了作者当时的所思所想和那个时代的文化态度。

勒古恩 必然如此啊！

斯特雷菲尔德 《地海巫师》若在十年后写成，会有本质的不同吗?

勒古恩　克鲁特说的是科幻小说。而你说的是奇幻小说。奇幻小说的模式、灵感、风格等一切，都来自更古老、更深邃的领域。科幻小说是有时间限制的，而奇幻小说可以但不一定要有限制。不过，我永远答不了这样的问题。十年后的我已经是另外一个人了，所以当然会写出不同的小说。

斯特雷菲尔德　你一开始就坚定地按照男性的权力等级进行写作。在《地海巫师》中，女性处于次要地位。在地海世界中有这样的说法——"弱如女人的魔法"和"恶如女人的魔法"。柔克岛上的魔法师学院不收女孩。巫师都是独身主义者。

勒古恩　1960年代，我依照这一传统写作时很自在；但后来照此传统写作时，我就不自在了。如果我十年后开始写，地海系列肯定会有所不同。我不得不在第四卷《地海孤儿》中转过身，让它、让整个地海世界从男性中心、等级分明、自上而下的旧日幻想世界中解缚。十七年后回看地海系列，让我感到有趣和欣慰的是，我意识到它不再是一个男性们快活主导的英雄世界，其中的巫师们没有性生活。我不想再这样写了，我做不到。它不再真确。但它仍然是地海。我不需要做任何改变，我只需要解释清楚。实际上，写后来的几本——第四、第五和第六本书——对我来说，是一次很好的教育。现在都已完成。我本可以继续写关于地海世界中其他人的续作，但不了。故事是有发展弧度的。你可不会想给《李尔王》写续作。

斯特雷菲尔德　1990年《地海孤儿》问世时，我采访过你。你说："故事终于讲完了。"

勒古恩　我错了。关于地海，我很多事都错了。但此刻，我相信我是对的。[1]

斯特雷菲尔德　写完"地海"系列后面几本书，你写了《拉维尼亚》。这是一部关于《埃涅阿斯纪》中一个人物的小说，对史诗的后半部分加以翻译，并做出修订，与该书作者维吉尔进行直接对话，同时也奉上对他的致敬。你的作品常常让人难以归类。

勒古恩　《拉维尼亚》不适合被归类，就像"奥西尼亚"系列不适合被归类一样。它不是科幻小说，不

---

[1] 她不完全对。地海系列的最后一个短篇小说《火光》（"Firelight"）发表在《巴黎评论》2018年夏季号上，也就是勒古恩去世六个月后。这个故事讲述了格得之死，恬哈弩陪在他身边。——原注

是奇幻小说，也不是现实主义小说。为什么非要贴标签呢？标签只是销售手段。图书馆靠这个上架。这可能有用，但有局限性。

要做的就是摆脱这些二十世纪晚期的作风。博尔赫斯写的是什么？你只能说它是博尔赫斯式的。卡夫卡是卡夫卡式的。卡尔维诺的作品没有标签。卡尔维诺式的？就只是卡尔维诺的作品。你真正想要的是你自己的标签。

斯特雷菲尔德 你最近说你不再写小说了。

勒古恩 我没说我不写了。我是说"小说不来了"。这不是"我会写"或"我不会写"的问题。我没再获得过短篇小说的灵感。很久都没获得一个了。《元素》("Elementals") 2012 年发表在《锡屋》上，然后他们在 2014 年发表了《水罐》("The Jar of Water")，之前《纽约客》一直在等它，后来却没要，这很不《纽约客》。这可能是我写作和发表的最近一个短篇小说了。

斯特雷菲尔德 2008 年出版的《拉维尼亚》是你最近一部长篇小说。

勒古恩 只是在我意识深处，并没有另一部长篇小说潜伏着了。这感觉很怪，就像有一口井却干涸了。这让我失望、沮丧，我喜欢这工作。我知道我做得到,所以还有一种浪费的感觉。我有我的职业、我的艺术。我精于此道。可惜不能把它用在我最喜欢用的地方,那就是小说。必须要有一个故事吸引我,带着我走下去。如果没有,那就是没有。坐在那儿抱怨写作障碍,有什么用?这不是写作障碍。我只是写尽了。我很高兴还能写诗。我一开始就在写诗,现在还能继续写。这既是我的终生需要,也是一种慰藉。如果诗也写不了了,我会相当沮丧。

第二部分

斯特雷菲尔德　你曾在澄清个人政治立场时说:"我不是一个进步论者。我认为'进步'这个观念,是一个令人反感且通常有害的错误。我感兴趣的是'变革',另一样全然不同的事物。"为什么进步观念是有害的?在时间的长河中,社会问题之所以取得了进步,当然是因为人们有了这样的观念,甚至理想。

勒古恩　我没说进步是有害的,我是说,"进步"这个观念通常是有害的。我的思考更多出自达尔文主义者的角度,而非出自社会问题的角度。我在想,"进化"这个观念是一个上升的阶梯,变形虫在底部，人在顶部或接近顶部，也许还有一些天使在人上面。我还在想，"历史"这个概念一贯向好的方向发展——在我看来，这正是十九世纪和二十世纪使用"进步"一词的倾向。我们告别了愚昧无知的黑暗时代，告别了没有蒸汽机、没有飞机、核能、计算机，或其后什么事物的原始时代。进步摒弃了旧事物，引领人不断走向新事物，更好、更快、更大，等等。你明白我要说的问题了吗？事实并非如此。

斯特雷菲尔德   "进化"如何也牵涉其中？

勒古恩   进化是一个奇妙的变化过程——分化、多样化、复杂化，无穷无尽，多姿多彩；但我不能说它的一个产物在总体上"优于"或"胜过"其他任一产物。只能具体情况具体分析。老鼠比考拉更聪明，适应能力也更强，这两点优势会让老鼠继续生存下去，而考拉则会逐渐灭绝。另外，如果周围除了桉树没有其他东西可吃，那么老鼠很快就会消失，考拉则会茁壮成长。人类能做到细菌做不到的各种事情，但如果非要赌全世界谁能存活最久，我会把钱押给细菌。

斯特雷菲尔德   在美国文库版的奥西尼亚系列中，你引用了1975年一篇日记中的一段话，当时你即将完成你在 1950 年代就开始创作的小说《马拉夫雷纳》。你意识到，这部小说在精神和主题上与你彼时刚写完的小说《失去一切的人》有许多相似之处。你写道："不仅人物和情节相似，就连文字也相似——真正的朝圣在于回家——真正的旅行正是回归——等等。我并无太多想法：我只有一个理念。"

勒古恩　（笑）人们会照字面理解，把它当作福音真理来引用，但管他呢——你写作可不是为了蠢人。把私人日记的部分内容付梓成书，我也相当自责。我从没这么做过。我只是想："哦，管他呢。"我写进书里，几十年后读到时会说："是啊，好吧，其中有些是事实，而我又何必冒险？"

斯特雷菲尔德　这个理念在你的作品中随处可见。你写过一首叫《GPS》的诗，结尾是：

世上有两个地方：家里和外面。我缺一张
地图告诉我，此外还有其他地方。

勒古恩　由这个理念而起的另一部重要作品，是《总会归家》。甚至就体现在书名里。这是我最被忽视却又最重要的一本书。你若想了解我是如何思考的，就去读这本书。在书中的小说里，斯通·泰林[1]从这个山谷到另一个山谷，然后再回来。圆圈和螺旋间有着巨大的区别。我们说地球的轨道是环绕太阳运行，但实际并非如此。太阳也在移动。你永远不会回到同一个地方，你只会回到螺旋上的同一个点。这个形象深深镌刻在我的思想中。你不可能再回家，也不可能再踏进同一条河流。我反反复复引用这句话。

斯特雷菲尔德　这是奇幻小说最核心的理念吗？在许多童话和鬼故事中当然也是如此。我不确定有多少同行作家像你一样对此时时挂心。

勒古恩　我在博尔赫斯身上看到了这一点。我们是截然不同的作家，但他也用到了这个理念。萨拉马戈——还有博尔赫斯——对"替身"的概念很着迷。我要说的不是这个。

"回家"是奇幻的一个核心理念吗？我认为这个问题探讨起来会很有趣。当然，它是《指环王》的核心概念。但对奇幻小说整体而言呢？它可能是一个核心概念，其中之一。第一部伟大的奇幻小说是《奥德赛》。奥德修斯做了什么？他回家了。毕竟，"回家"可能并不十分容易。世

---

[1] 斯通·泰林（Stone Telling）是《总会归家》中一个人物的姓。

界在变化。这是一个螺旋上升的过程。这才是重点。

斯特雷菲尔德 这个理念在科幻小说中就没那么受青睐了。科幻小说在1940年代形成的核心理念是:"我们要去火星,去另一个星系。我们离开此地,再不回来。"

勒古恩 外太空是边疆的延伸——"1849年,我们要去加利福尼亚。我们走了。"不过近来我发现,有些人是来回折返的,包括我自己的家族。我的曾祖父詹姆斯·约翰斯顿属于1849年那批移民。淘金热的头一年,他踏上移民之路,在加利福尼亚待了相当长一阵子,在俄勒冈州的斯蒂恩斯山放牧了一段时间——为什么要这么做,我无从想象——然后又踏上移民之路,回到密苏里州。最后他到了怀俄明州。很多人都做过类似的事。你时常听说的是西进运动。却从没听说过回流。一旦你到了边疆,前方再无边疆,你会怎么做?那么,就去找新的边疆。1940年代和1950年代,这些事被广泛谈论。什么是新的边疆?是月球,是外太空。我们必须有一个新的边疆,我们必须向前进!毕竟,这才符合资本主义的逻辑。

斯特雷菲尔德 1974年,你发表了一篇文章,《为什么美国人害怕龙?》("Why Are Americans Afraid of Dragons?")。文中写道:"我认为很多美国男人都被教导要压抑自己的想象力,将其视作幼稚或娘娘腔的东西,视作无益甚至可能是罪恶的东西,并加以拒斥。"幻想被关在育婴室,被抛在荒弃之地。

勒古恩 现在可以说,美国人不再害怕龙了。(笑)那句老话怎么说来着,"愿望成真,自有代价"?恐慌正在消散。我们又回到了前几代人所具有的那种混合状态,现实主义和幻想风格以各个不同的方式混融在一起。

斯特雷菲尔德 幻想风格时下都泛滥了。

勒古恩 但其中很多都是衍生品;你可以把很多兽人、独角兽和星际战争糅在一起,实际却毫无想象力。我们的文化有一个问题是,我们不尊重也不训练想象力。想象力需要练习。需要实践。除非你听过很多故事,而后学会了如何讲故事,否则你是讲不好故事的。

斯特雷菲尔德 当新的《捉鬼敢死队》电影上映时,全女性演员阵容让文化界为之颤抖。几乎都要为此发生街头骚乱了。是幻想风格让我们变得这么幼稚吗？

勒古恩　　　我说的幻想，是奇幻文学的类型化。当你说到整个流行文化领域时，我就不甚了解了。退回幼稚状态并不是奇幻文学的特质，但几乎可以是任何事物的特质。

斯特雷菲尔德　　是我说错了。

勒古恩　　　类型化是必要的。类型间也各个不同。错就错在把它们分出高低贵贱，只根据类型而非写作质量来划分等级。这就是我的全部论点，别的无他。所以，别把它延展到整个世界。

斯特雷菲尔德　　你会注意到，美国文化中有一种倾向，即把恣意的想象力留给孩子，让他们借此在长大后成为优秀的商人或政治家。情况依然如此吗？

勒古恩　　　也许有所变化。

斯特雷菲尔德　　战斗胜利了？

勒古恩　　　我们能撇开战斗的隐喻和输赢之论吗？情况已有所变化，也许就这个角度而言已有所变化，而且是向好的。你谈到了输赢。我认为的情况是，你得此却总会失彼。

斯特雷菲尔德　　好吧。

勒古恩 恣意的——我不会用这个词——想象力让我担心的地方，是它成了非虚构作品的一部分。现在你在回忆录里都可以撒谎了。事实上，有时你还会受到鼓励。我不是老顽固，我只是一个科学家的女儿。我非常喜欢事实。我非常尊重事实。很多非虚构作品鼓励对事实的漠视——当人们把活人写进小说时，我很担心。即便是把去世不久的人写进小说里，也总让我觉得会有极大风险。有一种傲慢无礼的感觉，有一种作者对那个人的殖民。这样对吗？这样公平吗？而这些传记作者是在随心所欲地编造。我不想读这种书。我总在想，这到底是小说还是传记，这到底是什么？

这很滑稽。作为小说家，我对非虚构作品的要求和许多非虚构作家不同。对我来说，小说和非小说的区别是截然的。要么你是杜撰，要么你就是在试图查明情况，并尽可能将它清楚陈述。你个人的偏见会妨碍你，没有人能做到完全真实，但你要尝试。最重要的就是尝试。在我看来，很多人都放弃了尝试，而书评人也加以赞许。然而我们必须实事求是。问问随便哪位科学家吧。

斯特雷菲尔德 现实是如此浑浊……

勒古恩　　　当然了。就别让它更浑浊了。

斯特雷菲尔德　　历史曾经主要是关于白人的。

勒古恩　　　对前几代人来说，这并没有错。对当今社会来说，这就是错的。时代在变。

我不能在道德上评判一二百年前的人的是非对错。我并不生活在那个世界。我们在阅读历史时，很难不把它殖民化，很难不问你怎么能赞成奴隶制或其他什么。好像他们脑子里的想法和我们的思维是一样的。这太不公平了。

今天有一种绝对主义。你做了一件坏事，你就是一个坏人。这太幼稚了。周围有很多幼稚的人和事。

斯特雷菲尔德　　文化越来越不宽容？

勒古恩　　　有这种趋势。

斯特雷菲尔德　　但在某些方面，宽容度也更高了。我们讨论过你的作品是如何从科幻转变到文学的。

勒古恩　　　我的作品曾以爱司双联本存世，是背靠背平装书的一半。我们取得了一些成绩。但现在环顾四周，你会发现终究还在相同的地方。还记得螺旋吗？我就是这么看的。都一样。美国还是美国。（笑）

人们用不同的眼光看待这些故事。这很好，我很开心。我很高兴。对我来说，这从来都不是一场战斗，输赢之论也不是我想谈论的议题。这是我希望看到的变化，它以自己的方式、在自己的时间发生，并持续进展。

斯特雷菲尔德　　我在读你母亲写你父亲的书，《阿尔弗雷德·克罗伯：一个人的构造》（*Alfred Kroeber: A Personal Configuration*）。他1960年去世。大约在这本书出版的1970年，你母亲再婚，嫁给了一个更年轻的男人。

勒古恩　　约翰·奎恩。我记得他三十岁，她七十二岁，但我对数字不太敏感。他年轻太多了。她和他在一起十年，直到因生病和其他麻烦走向生命最后一年，她都过得非常愉快。他把她宠坏了。他行事很有格调。她度过了美好的时光。

斯特雷菲尔德　　你有没有想过多写写你的父母？
勒古恩　　哦天哪，不可能写的。他们超出了我的想象。她是……哦天哪。她是个如此和蔼可亲的母亲。家里的男人们都对她言听计从。不管那具体是什么，她拥有某种特质。世所罕见的特质。

斯特雷菲尔德　　既然你不时给我一些育儿建议，我想让你知道，我带八岁的莉莉去看了一场《白雪公主》的演出。演出结束后，所有的孩子都排队要和白雪公主合影。只有莉莉想和邪恶王后合影。

勒古恩　　我的大女儿八岁开始学大提琴，后来成了一名大提琴演奏家。多年后我说："伊丽莎白，你怎么想到选大提琴的？"她说："哦，就因为别人都在拉小提琴。"

养育女儿非常有趣。我的大女儿一直是个好孩子。我的二女儿——天啊。（笑）莉莉爱读书吗？

斯特雷菲尔德　　是的，她带书去书店。如果在书店找不到想要的书，她回家路上就有书可看。但她长到这个年纪，书里有些东西真的会吓到她。

勒古恩　　她可能没法适应这个了。我从没适应过。我会停下不读，因为我要么会怀疑自己的存在，要么会真的被惊吓过度了。

斯特雷菲尔德　　也许你很幸运，还能有如此强烈的反应。

勒古恩　　我会收到很多书，让我帮忙宣传。我看着它们。其中很多书都张力十足、充满悬念。我会非常害怕，然后发现这只是一个系列的第一本。见鬼去吧。我对悬念没什么好感。我讨厌悬念。读着故事开头，我就已经看到了结尾。

斯特雷菲尔德　　说到孩子，从 1966 年到 1974 年，你养育了三个孩子，并写出了一系列杰作。美国文库第二卷和第三卷中的大部分作品都在很短时间内完成——1960 年代末到 1970 年代初的几年间。你当时是否感到热情正旺？

勒古恩　　在那之前和之后，我一样努力工作。为什么单说那几年？那不是我重要作品的全部。之后还有很多很好的作品。

斯特雷菲尔德　　但后来你的孩子长大了。你有更多的时间写作。

勒古恩　　家里有五岁以下的小孩子，这情况得有几年了？大概七八年吧。第三个孩子来得有点儿意外，大概是在第二个孩子刚上幼儿园那会儿。突然间我又有了一个孩子，这虽然出乎意料，却也是好事。如果查尔斯不是全职家长，我不可能挺得过来。我反复说过——两个人可以做三份工作，但一个人不能做两份。有时有人能做到，但会折寿的。

斯特雷菲尔德　　你是怎么做到的？

勒古恩　　我不想显得盲目乐观，但事实上这两份工作都让我受益匪浅。且反馈是即时的。我喜欢写作，也喜欢孩子们。

斯特雷菲尔德　　你曾经说过，有了孩子并不会让写作变轻松，

	但会让人写得更好。
勒古恩	第三次发现自己怀孕时,我有一阵子很不好过。我想:"我们并不真的想要这样。我们要怎么才能重新来过?"怀孕可能会很折磨人。那一回却很轻松,孩子也很好,我们真的很高兴我们有了这个孩子。
斯特雷菲尔德	孩子们有时会激发故事灵感。三岁的卡罗琳曾拿着一个小木盒来找你,让你猜里面装着什么。我记得你猜是毛毛虫和大象,但她把盒子打开了一点点,让你向内窥看,然后说:"是黑暗。"于是就有了《黑暗盒子》("Darkness Box")这个短篇小说。
勒古恩	这是一个直接影响的例子,比较少见。通常来说,影响都是泛泛的。房子里充满了活力。我很幸运,因为我很健康,而孩子们也很健康。影响就在于此。但看着并不明显。我生活的那个年代,女性被社会期望——她自己也真的期望——要生儿育女。
斯特雷菲尔德	《跟我讲个谜语》的作者蒂莉·奥尔森(Tillie Olsen)说,赚钱养家的需求毁了她艺术家的前途。现在人们不仅记得她的短篇小说,也同样铭记着她的这一论断。

勒古恩	蒂莉是上一代人。她也是一个比我更激烈的女权主义者。她让我很不舒服。但我们之间真正的区别在于，蒂莉没钱。她要做朝九晚五或任何她能找到的工作。这差异就大了。我有朋友也是这种处境。婚姻若破裂，那就更难了。如果没有丈夫贴补收入，她们继续从事艺术就要拼命努力，非得挣到钱不可。就这样，她们非得做出我从未真正做过的选择。
斯特雷菲尔德	你什么时段写作？
勒古恩	孩子们上床睡觉，或待在自己房间看书后。我的孩子们比现在的大多数孩子都睡得早。得知我的孙子们晚上 11 点才睡觉，我相当震惊。孩子那么晚睡可会把我逼疯。我们让他们按老式作息睡觉，晚上 8 点或 9 点。我会爬上阁楼，从 9 点写到半夜。如果我状态疲惫，那写起来就有点儿艰难。但我还是会一鼓作气写下去。我喜欢写作。它令人兴奋。
斯特雷菲尔德	写作对你来说很容易。
勒古恩	是的，我有灵感。
斯特雷菲尔德	你有没有试过在睡前写作？
勒古恩	只要我负责照顾孩子，那就只能在睡前写了。这

	差事可是全职的。有时查尔斯负责照顾，有时他们出去上音乐课。但我不善于利用碎片时间。
斯特雷菲尔德	你刚开始写作时，效率如何？
勒古恩	取决于写的内容。有时我两个小时就枯坐着。
斯特雷菲尔德	你最近帮忙宣传了伊丽莎白·加斯凯尔。
勒古恩	《北与南》非常精彩。《玛丽·巴顿》真的每次都能看哭我。 说到作家，你知道谁让我的文学经纪公司飞黄腾达了吗？安·兰德。我读不了赫尔曼·黑塞。他很无聊，但没有安·兰德那么无聊。我二十岁时读了《源泉》。那是我读过的最令人作呕的书。
斯特雷菲尔德	你和哈兰·埃里森的关系一直不错。
勒古恩	他还挺讨人喜欢的。好吧，不是肉体上。但你会原谅这个混蛋做的一切。我已经原谅他十几次了。那些事换作其他任何人我都不会原谅。只因为管他呢。那是哈兰啊。他那么有趣。还那么……我要用犹太人的语言才形容得了了。
斯特雷菲尔德	我对哈兰的感情很复杂。那所有的吹嘘、挑衅、在争执中浪费的时间……
勒古恩	我从没见过哪个男人对他不是感情复杂的。大

多数女人也是如此。我也怀着复杂的感情。他是个混蛋。他对我做过愚蠢又肮脏的事。但这些都不算什么。（笑）卑鄙的阴谋没有得逞。而且，和他相处很开心。

斯特雷菲尔德　尼尔·盖曼在某种程度上是当代奇幻作家中的明星。

勒古恩　他的粉丝很忠诚。他横跨多个领域。我和他每次接触都很愉快。他真的很大度。他对我非常慷慨。（笑）我只希望自己能更喜欢他的作品。

斯特雷菲尔德　你现在是美国艺术与文学学会的成员了。

勒古恩　我差点儿就不是了。真是尴尬。不知道是信寄丢了，还是我轻率地当成垃圾信扔了，总之我一直没收到邀请函。他们等啊等啊等，终于来联系我的经纪人，经纪人马上联系了我。我给他们写了封信，说："我不是在模仿迪伦。"[1] 但他们之前一定很好奇是怎么了。

斯特雷菲尔德　这是又一份荣誉，一份重要的荣誉。

勒古恩　套用玛丽·沃斯通克拉夫特谈论维护妇女权利

---

[1] 应指 2016 年 10 月获颁诺贝尔文学奖，鲍勃·迪伦因"失联"、缺席颁奖典礼而被外界质疑是在拒绝这一荣誉。但 2017 年 4 月 1 日，迪伦最终去瑞典领取诺奖。

的名言，这也是对科幻小说权利的维护。这让那些死硬派和顽固派更难说出"类型文学不是文学"这种话了。

斯特雷菲尔德　他们还在这么说？

勒古恩　你会惊讶的。在学术界，仍然有顽固派。评论家一旦有了立场，就永远不会改变。

斯特雷菲尔德　尽管我对你的作品格外着迷，但论及你作品的大量学术著作，似乎总是很难卒读。

勒古恩　嗯，他们是学者啊。有一本书，《厄休拉·K. 勒古恩〈失去一切的人〉中的新乌托邦政治》（*The New Utopian Politics of Ursula K. Le Guin's "The Dispossessed"*），2005 年出版的，里面几乎所有内容都是可读的。这非常罕见。

斯特雷菲尔德　就在特朗普当选总统后，你提出了一种新的抵抗模式，强调的不是斗士，而是水："河流的流动对我来说是勇气的典范，它让我能坚持下去——带我行过伤心之地、苦涩时光。一种选择顺从的勇气，唯迫不得已才使用武力。"

勒古恩　它的根源深扎于老子思想和《道德经》。他对我影响深远，可追溯到我青少年时期。我发现他是一位很有教益的思想家。几年前，我还翻译了他的著作。

斯特雷菲尔德　《地海孤儿》中有老子的痕迹，但并不明显。

勒古恩　我的大部分作品都是虚构类，不会直接表达什么。而是融入其中。就像《天钧》的主人公乔治，他如水一般。老话说的，他随波逐流。把这篇关于水的文章当作博客日志发表，我本来是有疑虑的。它太过直接，听起来好像是我想成为什么灵修大师。

斯特雷菲尔德　你的确很直接。

勒古恩　我喜欢把它藏在小说里。

斯特雷菲尔德　有一两年，你以为自己再也不会写小说了。

勒古恩　但我后来突然动笔，给《双体船》(*Catamaran*)杂志写了一个叫《卡克斯》("Calx")的小短篇，然后又写了一个叫《怜悯与羞耻》("Pity and Shame")的长短篇。我应该记住所有优秀的科幻作家都该知晓的道理：预言可不是我们的游戏。

斯特雷菲尔德　你有没有关注"Me Too"运动，多年来遭受骚扰的女性在社交媒体上维护自己的权益？

勒古恩　我不关注社交媒体上的内容，也不怎么相信这些事会持续太久。人都会爆发，一吐为快，就此作罢。

斯特雷菲尔德 也许吧，不过涉事人的职业生涯肯定会受到影响。我们还能再看到凯文·史派西主演的《纸牌屋》吗？

勒古恩 如果你开始论及演员，你连剧院都没法去了。

斯特雷菲尔德 几位制片人宣布他们将制作一部剧集，讲述南军获胜后南方邦联的架空历史。人们为此怒不可遏。这个理念本身就令人反感。

勒古恩 这就是疯狂化的政治正确——禁止一部未曾制作的剧集。这就是我从不写当代小说的原因。我会被所有政治正确的反种族主义者疯狂辱骂。五十年前，我就可以在地海世界中加入棕色和黑色人种，但那是奇幻小说，所以没人把它当回事。这就是为什么在苏联，批评政权的科幻小说可以持续出版。这根本就是一回事。如果在今天，这就变成我绝对无法回避的事了。

斯特雷菲尔德 我没看到你和查尔斯昨晚读的书。它们通常放在这些桌子上。

勒古恩 他正在给我读《牛津英语诗歌集》(*Oxford Book of English Verse*)。我在给他读勃朗特的《谢利》。

这是本好书,比我以为的要好得多。我感觉没那么热了,所以我们在楼上读,还喝了点儿威士忌。我还没从生日中缓过来。生日过得很愉快。过了一个星期那么久。我女儿也从洛杉矶过来了,我也见了她。真是严肃的年龄,八十八岁。如果你把数字横过来看,就是两个无穷大叠在一起。

厄休拉·克罗伯·勒古恩　URSULA KROEBER LE GUIN

出生于伯克利,曾居住在俄勒冈州波特兰市。她出版了二十多部长篇小说、十一部短篇小说集、六部散文集、十二部儿童读物、六部诗集和四部翻译作品。她的作品获得了众多荣誉,其中包括一项美国国家图书奖、五项雨果奖、五项星云奖、美国科幻和奇幻作家协会达蒙·奈特纪念大师奖(SFWA's Damon Knight Memorial Grand Master Award)、卡夫卡奖、普斯卡特奖(Pushcart Prize)、美国艺术与文学学会哈罗德·D. 弗塞尔纪念奖(Harold D. Vursell Memorial Award)、《洛杉矶时报》罗伯特·基尔希奖(*Los Angeles Time*'s Robert Kirsch Award)、笔会/马拉默德奖(PEN/Malamud Award)、玛格丽特·A. 爱德华兹奖(Margaret A. Edwards Award),并于 2014 年获得美国国家图书基金会美国文学杰出贡献奖。

《10 点 5》杂志　*10 POINT 5*

俄勒冈州尤金市的一份艺术季刊。其名称来源于人脑 α 波频率中位数的每秒周期数。1976 年初至 1978 年夏,该杂志共出版了七期。

乔治·威克斯和路易丝·韦斯特林　GEORGE WICKES and LOUISE WESTLING

俄勒冈大学的退休英语教授。韦斯特林是《新世界的绿色乳房》(*The Green Breast of the New World*)的作者。威克斯著有《美国人在巴黎》(*Americans in Paris*),并编辑了三卷亨利·米勒的书信集。

诺拉·加拉格尔　NORA GALLAGHER

回忆录和小说作者。她最近出版了回忆录《梅奥诊所的月光奏鸣曲》(*Moonlight Sonata at Mayo Clinic*)和长篇小说《变换之光》(*Changing Light*)。

多萝西·吉尔伯特　POROTHY GILBERT

1970年代和1980年代曾在伯克利的KPFA电台担任过十年的节目主持人和采访人。她曾在美国笔会任职多年,并曾在加州大学伯克利分校教授英语。她出版过两部从古法语翻译的作品并获奖,在许多刊物上发表过诗歌和科幻小说。

尼克·格弗斯　NICK GEVERS

评论家和编辑,专研科幻小说和奇幻小说。他发表过数百篇书评和数十篇作家访谈,并编辑过许多文集,包括曾获雪莉·杰克逊奖的《煤气灯下的幽灵》(*Ghosts by Gaslight*,与杰克·丹恩合编)。他现居南非开普敦。

布里吉特·休伯　BRIDGET HUBER

驻法国记者和研究员。作品曾在《柳叶刀》《纽约时报》《琼斯妈妈》《加利福尼亚周日杂志》和国际公共广播电台(Public Radio International)、国家公共广播电台等媒体发表或播出。

大卫·斯特雷菲尔德　DAVID STREITFELD

"最后的访谈"书系的编辑之一,他编辑了加夫列尔·加西亚·马尔克斯、J. D. 塞林格、菲利普·迪克、亨特·汤普森以及大卫·福斯特·华莱士的访谈集。以上书籍均由梅尔维尔书屋(Melville House)出版。他是《纽约时报》的记者,2013年,他所在的团队获得了普利策解释性报道奖。他和家人住在旧金山湾区,家中藏有大量图书。